读懂中华文明

人民日报人民论坛杂志社 / 主编

王博 等 / 著

人民东方出版传媒
People's Oriental Publishing & Media

东方出版社
The Oriental Press

图书在版编目（CIP）数据

读懂中华文明 / 人民日报人民论坛杂志社主编；王博等 著 . — 北京：东方出版社，2024.1
ISBN 978-7-5207-3627-5

Ⅰ.①读… Ⅱ.①人… ②王… Ⅲ.①中华文化—研究 Ⅳ.① K203

中国国家版本馆 CIP 数据核字（2023）第 171818 号

读懂中华文明

（DUDONG ZHONGHUA WENMING）

主　　编：人民日报人民论坛杂志社
作　　者：王博等
策　　划：姚　恋
责任编辑：张洪雪　李志刚
出　　版：东方出版社
发　　行：人民东方出版传媒有限公司
地　　址：北京市东城区朝阳门内大街 166 号
邮　　编：100010
印　　刷：北京明恒达印务有限公司
版　　次：2024 年 1 月第 1 版
印　　次：2024 年 1 月第 1 次印刷
开　　本：660 毫米 ×960 毫米　1/16
印　　张：15.25
字　　数：153 千字
书　　号：ISBN 978-7-5207-3627-5
定　　价：58.00 元
发行电话：（010）85924663　85924644　85924641

序言

对历史最好的继承，就是创造新的历史；对人类文明最大的礼敬，就是创造人类文明新形态。

——习近平

作为中华民族独特的精神标识，中华文明是当代中国文化的根基，是维系全世界华人的精神纽带，也是中国文化创新的宝藏。2023年6月2日，习近平总书记在文化传承发展座谈会上发表重要讲话，从党和国家事业发展全局战略高度，对中华文化传承发展的一系列重大理论和现实问题作了全面系统深入阐述，提出了中华文明的五个突出特性——连续性、创新性、统一性、包容性、和平性。深刻理解中华文明的五个突出特性，有助于我们更好地实现马克思主义基本原理同中华优秀传统文化的"第二个结合"，清醒认识中国特色社会主义道路的选择，正确把握建设中华民族现代文明的目标指向。

　　中华文明突出的连续性，从根本上决定了中华民族必然走自己的路。中华文明传承5000年延绵不绝，是世界上唯一没有中断的文明，这源于中华大地独特的地理环境、中华文化的独特价值理念以及中华民族多元一体的传承脉络。中华文明的连续性深刻阐明了"我们是谁、我们从何处来、到何处去"的价值认同和文化认同问题，成为中华民族向心力、凝聚力的源头活水。

　　中华文明突出的创新性，从根本上决定了中华民族守正不守旧、尊古不复古的进取精神，决定了中华民族不惧新挑战、勇于接受新事物的无畏品格。一部中华文明史，既是按照内在逻辑自主生长的历史，又是不断适应外部新变化、解决现实新问题的历史。文化积淀为文明创新提供了深厚的土壤，创新性产生的新知识、新思想和新技术为文明延续提供了不竭的动力。正是中华民族革故鼎新、与时俱进的精神气质，使我们文明的航船能够一次次驶过急湍险流、开拓新航线，永葆生机与活力。

中华文明突出的统一性，从根本上决定了中华民族各民族文化融为一体、即使遭遇重大挫折也牢固凝聚，决定了国土不可分、国家不可乱、民族不可散、文明不可断的共同信念，决定了国家统一永远是中国核心利益的核心，决定了一个坚强统一的国家是各族人民的命运所系。放眼世界历史，多少帝国早已分崩离析、支离破碎。唯有中国，几千年来，仿佛冥冥中有一股力量，始终将这片广袤国土以及生长于斯的人民凝聚在一起，即使经过一段时期的分裂，也终会再度走向统一。对当代中国而言，维护国家统一是历史交给我们的责任。

中华文明突出的包容性，从根本上决定了中华民族交往交流交融的历史取向，决定了中国各宗教信仰多元并存的和谐格局，决定了中华文化对世界文明兼收并蓄的开放胸怀。中华文化在传承演进过程中涵育了兼容并包、厚德载物的气质，这种强大的包容性在思想价值、民族融合、宗教信仰、社会礼俗、文化交融等方面产生了深远影响。世界百年未有之大变局下，中华文化中的包容性理念，将成为创造人类文明新形态、推动世界文化繁荣发展的重要精神力量。

中华文明突出的和平性，从根本上决定了中国始终是世界和平的建设者、全球发展的贡献者、国际秩序的维护者，决定了中国不断追求文明交流互鉴而不搞文化霸权，决定了中国不会把自己的价值观念与政治体制强加于人，决定了中国坚持合作、不搞对抗，决不搞"党同伐异"的小圈子。从"中和思维"到"和合伦理"的价值观念，从"和睦人伦"到"天人和美"的社会理想，从"以和邦国"到"和谐世界"的秩序构想，中华民族5000年生生不息的"和"理念与实践，成为现代中国提倡构建人类命运共同体的价值源头。

"对历史最好的继承，就是创造新的历史；对人类文明最大的礼敬，就是创造人类文明新形态。"站在新的历史起点上，我们要坚定文化自信，坚持走自己的路，立足中华民族伟大历史实践和当代实践，用中国道理总结好中国经验，把中国经验提升为中国理论，实现精神上的独立自主。要秉持开放包容，坚持马克思主义中国化时代化，传承发展中华优秀传统文化，促进外来文化本土化，不断培育和创造新时代中国特色社会主义文化。要坚持守正创新，以守正创新的正气和锐气，赓续历史文脉、谱写当代华章。

■ **第一篇**

中华文明的内涵和特质

第一篇

中华文明的内涵和特质

中国文化源远流长，中华文明博大精深。只有全面深入了解中华文明的历史，才能更有效地推动中华优秀传统文化创造性转化、创新性发展，更有力地推进中国特色社会主义文化建设，建设中华民族现代文明。

——习近平

连续性：中华文明的首要特性

邹广文 *

* 清华大学马克思主义学院教授、清华大学习近平新时代中国特色社会主义思想研究院研究员。

习近平总书记在 2023 年 6 月 2 日召开的文化传承发展座谈会上高度凝练概括了中华文明的五大突出特性，即连续性、创新性、统一性、包容性、和平性，其中连续性居于首位。历经 5000 多年的中华文明是一条河，从古代经现代流向未来。习近平总书记指出："中华文明具有突出的连续性，从根本上决定了中华民族必然走自己的路。如果不从源远流长的历史连续性来认识中国，就不可能理解古代中国，也不可能理解现代中国，更不可能理解未来中国。"[1] 因此，中华文明的连续性是中华文明得以保存、发展和繁荣的基因密码，阐明了"我们是谁、我们从何处来、到何处去"的价值认同和文化认同问题。所以，只有追问中华文明的连续性何以可能，我们才能更好地了解中华民族现代文明何以可为。

独特稳定的地理环境、"中和"的文化价值诉求、多元一体的文明发展格局使得中华文明连绵不绝

早在几百年前，南宋思想家朱熹就曾写道："问渠那得清如许？为有源头活水来。"知"所来"方能明"所往"，源头活水成就万代润泽。我国文化史家柳诒徵认为："实则吾民族创造之文化，富于弹性，自古迄今，纚纚相属，虽间有盛衰之判，固未尝有中绝之时。"[2] 这说明

---

1 《担负起新的文化使命 努力建设中华民族现代文明》，《人民日报》2023 年 6 月 3 日。
2 柳诒徵：《中国文化史》，中华书局 2015 年版，第 2 页。

中国文化富有韧性，一脉相承，未尝断绝。同样的，英国历史学家汤因比认为，在近 6000 年的人类历史上，出现过 23 个文明形态，但是在全世界只有中国的文化体系是长期延续发展而从未中断过的文化。由此可见，中华文明成为人类历史上唯一一个绵延 5000 多年至今未曾中断的灿烂文明。而这主要得益于以下三个因素。

第一，独特稳定的地理环境。马克思、恩格斯在《德意志意识形态》中认为："全部人类历史的第一个前提无疑是有生命的个人的存在。因此，第一个需要确认的事实就是这些个人的肉体组织以及由此产生的个人对其他自然的关系。""任何历史记载都应当从这些自然基础以及它们在历史进程中由于人们的活动而发生的变更出发。"[1]人类的生存、绵延离不开居住地的各种自然条件，例如地质条件、水文地理条件、气候条件等。马克思、恩格斯尤其强调这些自然条件不单单决定着人们的肉体、种族之特征，还决定着该民族的发展。可见，地理环境对于一个民族生存、发展与繁荣常常起到非常重要的作用。

人类发展史已经证明，文明往往起源于温带，而非极寒极热之地。中华民族的家园位于亚洲东部，其地理环境是三面环山一面向海，由此形成了天然屏障。由于地域具有相对封闭性，中华民族借助于独立的地理单元，形成了内部结构复杂完整的体系，例如华北平原、西南山脉、江南水系与西北大漠。这既塑造了中华文明的多元性与统一性，

---

1 《马克思恩格斯选集》第 1 卷，人民出版社 2012 年版，第 146—147 页。

又保护、传承了中华文明。另外，文明的发展关键在于河流。人类自古以来就有沿河而居的传统，河流往往意味着丰富的生活资料、宜居的生态环境与便捷的交通条件等，这些均能够带来人口的增长，进而形成繁荣的文明。值得注意的是，不同的河流会形成不同的风土人情。例如梁启超先生认为，中国"北部者黄河流域也，中部者扬子江流域也，南部者西江流域也。三者之发达，先后不同，而其间民族之性质，亦自差异"[1]。由此梁启超推断出中国虽在大一统格局下，但民族精神具有多元性的原因。总体而言，独特而又稳定的地理环境造就了中国这样一个地大物博、人口众多的国家，因此提供了中华文明一脉相承的前提条件。

第二，"中和"的文化价值诉求。中华文明源远流长、博大精深，其中儒家、道家成为中华文明的主流思想。作为主流的儒家文化，它讲求"允执厥中"，这种文化态度使中华文化能够与其他文化形态美美与共、和谐共存。允执厥中是"中和"的基本准则——"允执"就是平心静气、不离自性；"中"就是中道，它是天性的所在地、精神的集中点，"中"就是要把握适当的限度，使自己的言行合乎标准。"中和"所代表的中性智慧强调的是事物双方的相辅相成、共生共存，从而做到不偏不倚、执两用中。中性智慧是一种生成性智慧，因此是进行时而不是完成时。"喜怒哀乐之未发，谓之中；发而皆中节，谓之

---

1 《梁启超全集》第 2 册，北京出版社 1999 年版，第 926 页。

和。中也者，天下之大本也；和也者，天下之达道也。致中和，天地位焉，万物育焉。""中和"是中华文明的基本价值诉求，具体而言，"中和"的思想主要体现在人与自然、人与人、人与自身之间的关系上。就人与自然的关系来看，中华文明强调"乾道变化，各正性命，保合太和，乃利贞"。乾道即天道，就是指天象之自然规律；变化指四时、昼夜、风云、雷雨、霜雪、阴晴、寒暖之种种变化。这是指人、鸟、兽、虫、鱼、草、木等万物皆受天道变化之支配，适应天道变化而运动，能协调春暖、夏热、秋凉、冬寒的四时之气，不超越自然规律，由此才能得其属性之正、得其寿命之正；就人与人的关系来看，"君子和而不同，小人同而不和"。孔子认为有学问有道德的人只要求在不同见解中相互尊重、相互吸收和融合，而与之相反的人则要求什么事都一样，甚至同流合污；就人与自身的关系来看，"和实生物，同则不继"。孔子认为不同性质的东西相加，这种相加叫作"和"，和能产生新的事物；相同性质的事物相加，这种相加是"同"，同则产生不了新的事物。此外，人要想达到"中和"的文化境界离不开"诚"的功夫。"诚"则意味着人要充分发挥自身的主观能动性，才能达道、并育、共荣。"唯天下至诚，为能尽其性；能尽其性，则能尽人之性；能尽人之性，则能尽物之性；能尽物之性，则可以赞天地之化育；可以赞天地之化育，则可以与天地参矣。"这实际上强调了天、地、人三德之间的和谐发展，通过"尽心知性知天"的途径达到"上下与天地同流"的境界。总而言之，"中和"的文化价值诉求成就了贵和持中、自强不息的中华文明，奠定了中华文明源远流长的价值底蕴。

第三，多元一体的文明发展格局。中华文明的多元一体发展格局是由多民族跨越历朝历代、薪火相传而来的，这就决定了国家认同理念贯穿始终并相对稳定，在开放中融合，在创新中发展，在开拓中传承，这无疑是今天我们为中华民族伟大复兴不懈奋斗的重要基础和文化源泉。当代著名社会学家费孝通先生认为："中华民族多元一体的主流是由许许多多分散孤立存在的民族单位，经过接触、混杂、联结和融合，同时也有分裂和消亡，形成一个你来我去、我来你去，我中有你、你中有我，而又各具个性的多元统一体。"[1] 在960多万平方千米的华夏大地上，56个民族所处自然环境不同，生活方式也各有特色，人们却始终以血缘为纽带生活在全国各地，形成了兼具多样性与统一性的中华文明。考古学家发现，从新石器时代晚期或原始公社氏族制刚刚开始解体的时候起，在各个不同的社会发展阶段，南北之间就已有经济文化互相交流、互相影响、互相渗透的情况，到了战国时代更前进了一步，这为之后秦汉时期形成民族统一的国家奠定了基础。基于此，考古学家苏秉琦在《中国文明起源新探》中认为，中华民族多元一体格局的形成不是由中原向四周辐射的形势，而是各大文化区系在大致同步发展的前提下，不断组合和重组，形成在六大区系范围内涵

1 费孝通：《文化与文化自觉》，群言出版社2010年版，第52页。

盖为大致平衡又不平衡的多元一体的格局。[1]因此，中华民族是"超百万年的文化根系，上万年的文明起步，五千年的古国，两千年的中华一统实体"[2]，是一个极富兼容性和凝聚力的民族。而这也正是尽管中国疆土广袤而各地景象千差万别，但是其始终维持一个政治统一体的原因。相较于西方民族，中华民族具备丰富的多样性，在抵御外界侵犯的同时也能同化其他民族与文化，使其具有中国特色与中国风格。总之，多元一体的文明发展格局铸就了中国是多民族、多文化但大一统的国家，并夯实了中华文明代代相传的现实基础。

中华文明的连续性成就了中华民族5000多年的灿烂文化

在对文明概念的考察中，与之相伴生的一个概念是"文化"。无论是在中文还是在英语中，文明和文化都属于使用频率极高而又歧义丛生的概念。它们有时候可以混用，有时候存在严格的区别。从考古学层面来看，文明经常与城市密切联系在一起。文明一词本身就有"城市化"和"城市的形成"的含义。英文中的文明（Civilization）一词源于拉丁文"Civis"，意思是城市的居民，其本质含义为人民和睦地生活于城市和社会集团中的能力，引申后意为一种先进的社会和文化发展状态，以及达到这一状态的过程。其涉及的领域极其广泛，包

---

1 苏秉琦：《中国文明起源新探》，生活·读书·新知三联书店2000年版，第98页。
2 苏秉琦：《中国文明起源新探》，生活·读书·新知三联书店2000年版，第176页。

括民族意识、技术水准、礼仪规范、宗教思想、风俗习惯以及科学知识的发展等。[1] 从哲学与价值层面来看，文明是指人类借助科学、技术等手段来改造客观世界，通过法律、道德等制度来协调群体关系，借助宗教、艺术等形式来调节自身情感，从而最大限度地满足人类的基本需要、实现全面发展所达到的程度。

文化则是人与自然关系的体现。中华文明中的文化是"人文化成""观乎人文，以化成天下"。这是中国文化中由人及物的思考方式。西方文明中的文化起源于拉丁文"cultura"，原是指对土地的耕作及动植物的培育，后逐渐转化为培养、教育、尊重等含义，这是由物及人的思考方式。由此，我们可以看出文明的外延要小于文化。因为文明表征的是文化的内在价值，确切地说是文化的正价值取向，体现的是肯定人的主体实践价值。在日常生活中，文化概念常常指向事实描述，文明则常常指向价值评判。总体说来，文化与文明的关系可以体现在文化求异、文明趋同，文化求异更多地体现在各美其美、美人之美，文明趋同更多地体现在美美与共、天下大同。因此，一脉相承的中华文明，成就了中华民族 5000 多年的灿烂文化。其具有以下四重意义：

第一，中华文明的连续性与其他突出特性呈现出相生相成的关系。守正方能创新。守正的目的是创新，而创新是为了更好地传承。

1　邹广文：《当代文化哲学》，人民出版社 2007 年版，第 9 页。

文化如果没有连续性，创新性就失去了目的与方向，而没有创新性，文化也就失去了前进的源头活水，因此文化的连续性更加促进了文化的创新与繁荣。源远流长的历史连续性促使中华民族不断与时俱进、勇于创新，决定了中华民族不惧新挑战、勇于接受新事物的无畏品格。凝心亦可聚力。凝心是为了更好地汇聚中华民族的文化力量，这种文化力量反过来加强了中华民族的心理基础。中华文明的连续性丰富了统一性的时间内涵，统一性为连续性提供了空间保障，决定了国土不可分、国家不可乱、民族不可散、文明不可断的共同信念。多元亦能共存。在多元中寻求共存，在共存中保持自身的独特性。中华文明的连续性为包容性提供了现实条件，包容性决定了连续性的历史取向，决定了中华文明对世界文明兼收并蓄的开放胸怀。和平才能发展。世界和平保障各民族的文化发展权利。中华文明的连续性使中华民族形成爱好和平、珍视和平的文化品格，和平性又进一步延续、发展、确保了中华文明的生生不息，决定了中国不断追求文明交流互鉴而不搞文化霸权，决定了中国不会把自己的价值观念与政治体制强加于人，决定了中国坚持合作、不搞对抗，决不搞党同伐异的小圈子。由此可见，中华文明的五个特性既各具特色又互为表里，共同促进中华文明的纵深式发展。

第二，中华民族所创造的独特文明，为世界留下了丰富的文化遗产。中华文明是世界上唯一自古延续至今、从未中断的文明，这在世界文明发展史上起着重要的作用，其中一个重要原因就在于中华民族对于传统文化的重视。传统文化是一个民族生存的根基，人类向未来前进的每一步，都需要自觉遵守自身文化传统。对于中华民族而言，在众多丰富灿烂的文明成果中，汉字是最具代表性的。清代岭南著名学者陈澧在其所著的《东塾读书记》中谈道："声不能传于异地，留于异时，于是乎文字生。文字者，所以为意与声之迹。"2022年10月，习近平总书记到河南安阳考察殷墟遗址时强调："中国的汉文字非常了不起，中华民族的形成和发展离不开汉文字的维系。"[1]汉字是传承中华文明的重要载体，是最具代表性的中华优秀传统文化标识。以出土的大量由龟甲制作的祭祀遗物为证，中国的汉字可以追溯到公元前1300多年殷商时期的甲骨文。从甲骨文、金文、大小篆、隶书到魏碑、楷书、草书、行书等，中国汉字有一条清晰的发展轨迹。无论是汉字本身的稳定发展还是由汉字形成的代代相传的圣哲经典，都为世界文明留下了丰厚的遗产和资源。因此，中华民族的独特文明不仅提升了中华民族的文化竞争力，也为世界文化发展作出了极大的贡献。

第三，中华文明的连续性坚定了中华民族的文化自信。习近平总书记指出，中国有坚定的道路自信、理论自信、制度自信，其本质是建立在5000多年文明传承基础上的文化自信。文化自信是最基本、最深沉、最持久的力量。文化自信说到底，就是一个民族、一个国家以

---

1 《全面推进乡村振兴　为实现农业农村现代化而不懈奋斗》，《人民日报》2022年10月29日。

及一个政党对自身文化价值的充分肯定和积极践行。中华文明的连续性构成了文化自信的前提与基础。正是由于 5000 多年历史文化的积淀，使得中国作为泱泱文化大国在世界舞台上扮演了重要的角色。

具体而言，中华文明连续性构筑的文化自信表现在：对于中华民族文化传统的自信、对于中国现实实践道路的自信，以及对于中华民族未来发展前景的自信。其中，对于中华民族文化传统的自信体现在作为世界四大文明之一的中华文明具有 5000 多年的悠久历史和无比丰富的内涵。这样一种民族文化传统以及由此所形成的中国传统文化共同构成了文化自信的基础与前提；对于中国现实实践道路的自信体现在中国共产党的百年奋斗历程中。100 多年来，中国共产党领导人民从革命时期到建设时期再到改革开放时期，逐渐探索出一条适合中国国情的、致力于实现中华民族伟大复兴的现代化的实践道路。经过全体中国人民的共同努力，在中国共产党的领导下，中国革命、建设、改革开放的实践，证明了这条道路确确实实是中国真正赢得未来、拥有未来，实现中华民族伟大复兴的重要道路；而对于中华民族未来发展前景的自信体现在对于每一位中国人而言，我们未来的发展前景最突出的标志就是全面建成社会主义现代化强国。全面建成社会主义现代化强国的前提是文化强国的建设，这既是国家的发展前景，也是我们每一个人的发展前景。所以，中华文明是中华民族的根与魂，如果失去了中华文明的连续性，也就失去了根本，失去了文化自信的心理根基，割断了中华民族的精神命脉。

第四，一脉相承的中华文明，成为民族凝聚力的源头活水。中华文明是古今兼具的文明，为民族凝聚力的形成提供了时间基础。中国当代著名哲学家冯友兰先生曾经在《国立西南联合大学纪念碑碑文》中有言："盖并世列强，虽新而不古；希腊罗马，有古而无今。惟我国家，亘古亘今，亦新亦旧，斯所谓'周虽旧邦，其命维新'者也。"儒学专家杜维明先生也曾指出："从各个领域来观察，灿烂的华夏文明可以说是世界上罕有的。因为有'有古无今'的文明，如埃及、苏美尔、巴比伦、古希腊文明；也有'无古有今'的文明，如美国、苏联等。而'有古有今'而又能延续数千年的文明，确实是罕见的。中国是一个，另外一个是印度。"[1]但是杜维明先生又补充道："印度的历史很淡，它是一种超越的向往。现在要讲印度历史非常困难，很难找到证据确凿的资料。而中华民族的特色在于，从公元前 9 世纪（共和元年）编年史就没断，现在至少从考古发掘，可以溯源到新石器时代乃至新石器时代以前。"[2]中华文明的连续性就是在中华文明悠久历史基础上不断开创新的伟大的历史使命，这塑造了中华民族深厚的凝聚力和向心力；中国的"大一统"是民族凝聚力实现的前提和基础。"溥天之下，莫非王土；率土之滨，莫非王臣"就是对"大一统"最生动的诠释。春秋

---

1 杜维明：《文化中国：扎根本土的全球思维》，北京大学出版社 2016 年版，第 69 页。
2 杜维明：《文化中国：扎根本土的全球思维》，北京大学出版社 2016 年版，第 86—87 页。

战国时期，诸侯割据混战，天下苦乱久矣。孔子对当时礼崩乐坏的场景十分气愤，直言："八佾舞于庭，是可忍也，孰不可忍也？"而后，秦始皇废分封、设郡县，完成了统一大业，开启了中国统一的多民族国家发展历程。此后，无论哪个民族入主中原，都以统一天下为己任，都以中华文化的正统自居。大一统被纳入王朝治理的实践后，对我国多民族国家的形成产生了重要的影响。在大一统国家中，中华文明融合各民族的文化，逐渐形成了"贵和持中、自强不息"的精神，具体体现在"天行健，君子以自强不息"和"地势坤，君子以厚德载物"上，即做事要自强不息，为人要贵和持中，这恰恰体现了中国先哲为人处世的哲学态度。在大一统国家的空间基础上凝聚起中国精神，就是在价值认同层面聚焦民族凝聚力。因此，代代相传的中华文明创造、发展、延续了中华民族的凝聚力、向心力和团结力。

从中华文明的连续性看当代中国的文化使命

文化的连续性特性，既见证了中华文化的过去，更指向了中华文化的未来，我们要自觉坚持把马克思主义基本原理同中华优秀传统文化相结合，以科学的理论来推动中华优秀传统文化的创造性转化与创新性发展，才能真正赋予中华文明以现代性力量，在过去与未来之间架起一座传承中华优秀传统文化、汇聚中华民族伟大复兴精神力量的桥梁。

党的十八大以来，习近平总书记从国家治理现代化的高度，把文化建设摆在突出位置，发表了一系列重要讲话，做出了一系列重大决策部署，不断深化我们对文化建设的规律性认识。文化关乎国本、国运。着眼于中华文明的伟大复兴，如何赓续中华文脉、建设现代文明，这是当代中国人不容推辞的历史责任。2023 年 6 月 2 日，习近平总书记在文化传承发展座谈会上的重要讲话中指出："在新的起点上继续推动文化繁荣、建设文化强国、建设中华民族现代文明，是我们在新时代新的文化使命。要坚定文化自信、担当使命、奋发有为，共同努力创造属于我们这个时代的新文化，建设中华民族现代文明。"[1]担当新时代新的文化使命，需要协调好物质与精神、传统与现代、人与自然的三重关系。

第一，协调好物质与精神的关系。马克思、恩格斯在《德意志意识形态》中提到："'精神'从一开始就很倒霉，受到物质的'纠缠'。"[2]物质与精神的关系始终是密不可分的。精神文明要想延续，离不开物质文明的前提与基础；而精神文明为物质文明的高质量发展提供强大的动力。《管子·牧民》中写道："国多财则远者来，地辟举则民留处，仓廪实则知礼节，衣食足则知荣辱。"这也深刻反映出物质与精神的关系问题，既体现在国家层面，又体现在个体层面。对于国家

1 《担负起新的文化使命 努力建设中华民族现代文明》，《人民日报》2023 年 6 月 3 日。
2 《马克思恩格斯选集》第 1 卷，人民出版社 2012 年版，第 161 页。

而言，财富众多，自然吸引远方之客的到来；土地普遍开垦，人民就会安心留居。对于个体而言，衣食无忧始终与知礼节、懂荣辱相伴随。只有物质生活和精神生活并重，人才能获得全面的发展。中国式现代化提出要实现物质文明和精神文明相协调。也就是说，中国式现代化既要实现共同富裕，建设好人们的物质生活，也要重视人们的精神生活，尊重人类丰富的自由本性。只有重视人们的精神生活，才能从根源处解决西方现代化过程中暴露出的主体性危机问题。1949 年 9 月，毛泽东同志曾指出："中国人被人认为不文明的时代已经过去了，我们将以一个具有高度文化的民族出现于世界。"[1]这充分体现了文明对于国家、民族、个人的重要作用。因此，在创造属于我们这个时代的新文化过程中，要重视协调好物质与精神的关系，既要大力发展生产力，巩固改革开放 40 多年的丰硕成果，更要坚持人民主体地位，以中华优秀传统文化滋养人心、汇聚力量，由此才能实现中华民族的历史性进步。

第二，协调好传统与现代的关系。传统与现代是你中有我、我中有你的互动关系。中国著名哲学家贺麟先生认为："在思想和文化的范围里，现代决不可与古代脱节。任何一个现代的新思想，如果与过去的文化完全没有关系，便有如无源之水、无本之木，绝不能源远流长、根深蒂固。文化或历史虽然不免经外族的入侵和内部的分崩瓦

---

1 《毛泽东文集》第 5 卷，人民出版社 1996 年版，第 345 页。

解，但也总必有或应有其连续性。"[1]传统的连续性恰恰在于保守和创新的辩证统一。保守因素使文化传统保持相对稳定，成为维系民族文化生命的纽带，创新因素使文化传统不致凝固僵化，以期永葆生命力。因此处理好传统与现代的关系，也就是在处理文化的保护与创新的关系。现代文明是人类现代化发展过程中的文明，中华文明要实现现代化转化，就应使民族文化中的优秀成分转化成为具有全球意义的文化资源，对世界文化作出独有的贡献。传统文化并非温室里的花朵，与周围事物隔绝开来，而是要与时代相适应，与时代同频共振，既能实现创造性转化、创新性发展，又不失自身的传统特色。中华民族的现代文明应在批判继承传统文化的基础上，汲取现代文化优秀成果。此外，现代文明还要适应现代人的生活方式、生活需求。这就要求我们秉持开放包容的特质，不断更新文化观念，不断提高思想觉悟、道德水准，培育与现代社会文明相一致的文化素养，这样，中国文化才是一种有生命力的文化，才能不断完善中国式现代化实践过程中的文明观念。在对待传统与现代的关系上，我们既不能妄自尊大、故步自封，也不能妄自菲薄、崇洋媚外。在此意义上，如何在大力推进和保持创新能力的同时，保持文化的稳定性和连续性；如何在向数字化和信息化转化的同时，保持自己的民族特色；如何在向西方学习先进科技文明的同时，弘扬中国传统文化中的精华，将成为当代中国文化发展的

---

1 贺麟：《文化与人生》，商务印书馆 2015 年版，第 4 页

重大实践课题。

第三，协调好人与自然的关系。中国式现代化是人与自然和谐共生的现代化，这就突出了人与自然是生命共同体，人与自然的关系始终是建设现代文明进程中不可回避的基本问题。尊重自然、顺应自然、保护自然，遵循自然规律、善用自然之力。人作为自然存在物和社会存在物，就必须与自然保持一种和谐统一的关系。一方面，人靠自然界生活，自然既是人的身体所依赖的对象，更是人的精神的无机界。人通过物质实践依赖于自然而生存。人利用自身的器官例如肩、脚、头去创造和利用自然的物质财富，延伸了自己的器官，同时也满足了自身的生活需要；但是另一方面，自然界也因为有人的存在而被赋予意义。与人相分离的自然界，对人来说就相当于无。自然界作为客体是在主体的关照下生成的。没有人这个主体，就不存在自然界这个客体，那么自然界就会是一个纯粹的外在世界，和人没有任何的关联性。所以在这个意义上，人与自然界是你中有我、我中有你、彼此依赖、互相支持的命运共同体，因此，建设中华民族现代文明离不开对自然的呵护与珍视，我们要顺应自然、保护自然，健全生态保护意识，像爱惜自身一样爱惜自然界。

民族复兴归根到底是文化的复兴。从青铜之韵、汉唐气象再到大国风范，中华民族以悠久的历史脉络、深厚的文化底蕴、博大的天下胸怀，穿越千年历史，走向未来文明。文化中国是中国文化的历史性延伸，只有延续历史，才能走向未来，只有延续民族精神血脉，才能担负起新时代新的文化使命。今天，我们站在新的历史起点上继续推动文化繁荣，以文化自信自强铸就中华文化新辉煌。我们相信，中华文明定会在新时代接力向前，再创伟业。

论中华文明的创新性

——

王博 *

---

* 北京大学副校长，哲学系教授。

习近平总书记在文化传承发展座谈会上指出："中华文明具有突出的创新性，从根本上决定了中华民族守正不守旧、尊古不复古的进取精神，决定了中华民族不惧新挑战、勇于接受新事物的无畏品格。"[1] 纵观 5000 多年中华文明史，它既是按照内在逻辑自主生长的具有突出连续性的历史，又是不断适应新变化、解决新问题的具有突出创新性的历史。伴随着连续性而来的文化积淀为文明创新提供了厚重的积累，创新性产生的新知识、新思想和新技术为文明连续提供了不竭的动力。连续性和创新性互动，静水深流和波澜壮阔交织，共同塑造了中华文明守正创新的精神气质。

中华文明的创新成就

中国有 100 万年的人类史、10000 年的文化史、5000 多年的文明史。在东临沧海、西越流沙、北连大漠、南跨五岭的广大地域，中华民族的伟大实践创造了辉煌灿烂的中华文明，既独具特色又对世界文明的发展进步产生了重要影响，是世界主要文明体之一，彰显生活在这片土地上的人民的创新性。中华文明如一条奔腾不息的大河，源远流长，百川汇聚，不断推陈出新。文明包括物质文明、政治文明和精神文明等方面。

从物质文明来看，早在新石器时代，中华先民因地制宜，在南方

---

1 《担负起新的文化使命　努力建设中华民族现代文明》，《人民日报》2023 年 6 月 3 日。

发明了目前已知最早的人类稻作农业，在北方地区开创了世界上唯一同时种植粟和黍的旱地农业。生产生活器物如陶器、玉器、漆器以及丝绸纺织在新石器时代晚期已经达到比较高的水平。二里头文化发现了成组的青铜器，雄伟壮丽的青铜文明在商周时期达到高峰，司母戊大方鼎是其中的一个代表。两周之际开始出现人工铁器，之后发明了铸铁技术，相当长时间内居世界领先地位，促进了农业技术等的发展。汉代出现了造纸术，雕版印刷在唐代开始普及，宋代毕昇发明了泥活字技术，推动了书籍的广泛传播。此后，元人王祯设计了木活字，明朝出现金属活字制造，促使印刷术水平进一步提高，这些都对朝鲜、越南、日本及"丝绸之路"沿线国家产生广泛影响。唐代发明的火药制作技术被应用于经济、军事等领域。指南针在宋代已经用于航海，郑和七下西洋显示，无论是在造船技术还是在航海技术方面，中国都达到了世界领先水平。唐宋是中国古代物质文明发展的高峰期，以瓷器为例，唐代有著名的唐三彩，宋代钧窑、汝窑、景德镇、龙泉等所产的瓷器远播世界。城市的经济功能更加突出，长安是当时世界上最大最繁荣的城市，也是国际性的大都会、"陆上丝绸之路"的起点，众多国家的使者、学者、商人、僧侣聚集于此。"丝绸之路""职贡不绝，商旅相继"，金银、玻璃、骏马等各国物品输入长安，中国丝绸等输出世界。张择端《清明上河图》显示了北宋东京发达的商业，以及建筑、桥梁、船只等各种元素。明清两代出现了李时珍《本草纲目》、徐光启《农政全书》、宋应星《天工开物》等一系列总结性的著作，从不同侧面呈现了中华物质文明的成就。

　　与农业文明相联系的生产生活方式、社会结构，造就了中华民族独特的政治文明。在古国和方国的基础上，夏代的建立标志着中华大地国家的起源。至少在周代，基于宗法制的嫡长子继承制确立了权力的转移方式、分封制开启了中央和地方关系模式的探索。秦始皇建立了中央集权的新型国家制度，实行郡县制，奠定了后世国家制度的基本框架。在行政体系方面，秦代开始确立三公九卿制，到隋唐变为三省六部制，官僚机构之间互相制衡、监督的机制得到进一步强化。在选官用人方面，汉代以察举制和最初的考试制度取代了此前的世官制，提升了社会阶层的流动性，有助于形成崇尚德行、知识和能力的社会风气。隋唐时期确立了科举制，庶族精英得以进入政治上层参与国家治理，强化了政治参与感和使命感，"朝为田舍郎，暮登天子堂"的故事广为流传，阶层之间的流动更加普遍。国家也得以通过科举科目、考试方式的调整实现对士人思想倾向、社会文化风气的控制。此外，随着品级制度的确立、资格迁转制度的发展、考察制度的完善，文官制度得以全面建立。国家也持续在中央集权和地方分权之间探索平衡，元代设置了行省制度，地方行政区划从"郡（州）—县"两级扩充为"省—州（府）—县"三级，奠定了此后地方行政区划制度的基本格局。在土地和经济制度方面，因时而化，先后出现井田制、贡赋制、编户制、均田制、租庸调制、两税法、一条鞭法、摊丁入亩等制度。与世界其他地区相比，中国古代的政治文明极具特色，国家治理和制度建设尤其突出，政治因素对于物质文明和精神文明的发展也产生了更重要的影响。

筑基于物质文明和政治文明之上的精神文明，代表了中华文明在文化领域取得的突出成就。"国之大事，在祀与戎"，新石器时代出现的祭祀是上古到三代文化的核心内容，表达着对天地祖先的敬畏。刻画在陶器玉器上的各种符号是文字的前身，随后而起的甲骨文、金文、战国文字、小篆和汉隶，呈现着先民文化创造的艰辛历程。周公总结夏商两代的文化，敬德保民，制礼作乐，《诗》《书》《易》等古代经典陆续出现，三代文化精神得到集中呈现。孔子上承三代，下启后世，把仁义的价值融入礼乐，以伦理的精神改造社会，开创了影响深远的儒家传统。先秦时期的诸子百家、汉代经学、魏晋玄学、隋唐佛学、宋明理学、清代朴学，中国哲学在不同时期呈现出不同的面貌。《离骚》、汉赋、唐诗、宋词、元曲、明清小说，以及历代建筑、雕塑、书法、绘画等一起呈现出中华民族的精神追求。儒释道长期并存，塑造了中国人的精神世界，形成多元一体的文化格局。对历史的重视是中国文化精神的重要特征，从《尚书》《左传》开始，历史书写连绵不绝，造就了中华文明巨大的历史感。自强不息、革故鼎新、辉光日新、"苟日新，日日新，又日新"作为鲜明的文化基因，成为中华民族在传承中不断创新的精神动力。

从先秦到明清，以哲学思想为代表的中华民族理论创新形成的代表性高峰

第一个代表性的高峰：先秦诸子开启的中国轴心时代。德国哲学家雅思贝尔斯提出"轴心时代"的概念，用来指称公元前 8 世纪至公元前 2 世纪之间在古代希腊、古代印度、希伯来和古代中国等地发生的精神突破。这一时期的精神突破分别奠定了相关民族的世界观和价值观的基础，并深刻影响了世界其他地区。

在中国发生的这次精神突破以春秋战国时期的诸子百家为代表。以此为标志，中国历史被区分为两个不同的时代。前诸子时代，中国人的精神世界以《诗》《书》等为代表，笼罩在天命和鬼神的信仰之下。人文精神的跃动仍然无法改变祭祀、卜筮、星占等在官方文化中的支配地位。从春秋时期开始，礼坏乐崩彰显出来的剧烈社会变革，使得重建秩序成为最急迫的时代课题，新的秩序精神开始涌现。守正创新的儒家、借古出新的道家、厚今薄古的法家与墨家、名家、阴阳家等一起推动了中国哲学的突破，改变和升华了古代中国文化精神，人文理性占据了思想世界的中心。自称"述而不作"的孔子及其开创的儒家传统，面对天下无道的现实，在总结三代文化的基础之上，以仁义的价值重建礼乐，以伦理的精神重塑社会，规范家、国、天下结

构之下的人与人之间的关系。与前诸子时代"本于天"的秩序精神不同，儒家把思考的重心安放在人和人的世界，人体、人情、人心、人性、人伦、人道成为关注的焦点。儒家强调人的群体性、伦理性、精神性和神圣性，人心、人性贯通天道，形成了一个天道和人道于一体的思想体系，旨在建构一个群居合一的和谐世界。拥有道德权威和教化责任的圣人或圣王成为理想秩序落实于人间的有力保证。

道家同样关注重建秩序和人的境遇，与儒家不同，老子、庄子更突出人的个体性、差异性。道法自然所指向的对于人本身的肯定和顺应，消解了对于人性的普遍化和本质化理解，转而承认人之存在的多样性和丰富性。道家的圣人以无为的方式面对世界，"圣人恒无心，以百姓心为心"，试图塑造一个无弃人、无弃物的社会。法家以强烈的现实感积极回应天下定于一的时代课题，基于"上古竞于道德，中世逐于智谋，当今争于气力"的认知，把重点放在气力的积聚，强调耕战，重视功效，以富国强兵来实现"一天下"的目标。与儒家、道家都不同，法家建构起的以法术势为中心、尊君卑臣的秩序体系，在秦国的实践中取得了成功，使秦国在群雄兼并中获得胜利，建立起中国历史上第一个统一的帝国。儒家、道家、法家等相激相荡，相融相通，显示出中华民族思想世界的创造性和丰富性。

第二个代表性的高峰：汉代开启的经学时代。秦汉大一统帝国的建立，郡县立而封建废成为历史的趋势，必然要求有与之相适应的新文化。秦二世而亡，让法家治国的优势和缺陷都充分呈现，成为汉初政治家和思想家反思的重大课题。从陆贾对汉高祖刘邦所说的"居马上得之，宁可以马上治之乎"，到贾谊《过秦论》的"仁义不施而攻守之势异也"，官方思想更化的必要性凸显无遗。从文景到武帝，儒家在与黄老道家的竞争中逐渐占据上风，成为汉代大一统帝国官方意识形态塑造的主体。以董仲舒为代表，提出"《春秋》大一统者，天地之常经，古今之通谊也，今师异道，人异论，百家殊方，指意不同，是以上亡以持一统；法制数变，下不知所守"。据此认为："诸不在六艺之科，孔子之术者，皆绝其道，勿使并进。""罢黜百家，独尊儒术"的建议得到了汉武帝的支持，并通过设置《易》《诗》《书》《礼》《春秋》"五经博士"的举措统一官学，这是经学时代开启的重要标志。经学以儒学为主体，以气论为中心，吸收融汇道家、法家、墨家、阴阳家和名家的思想资源，构建起一个囊括宇宙、政治、社会、人生的庞大体系，奠定了大一统国家的文化基础。经学时代的到来是思想一统的产物，其突出的标志是思想表达借助于经典解释来实现，冯友兰先生称之为"旧瓶装新酒"，即"诸哲学家所酿之酒，无论新旧，皆装于古代哲学，大部分为经学之旧瓶内"[1]。由此，中国文化呈现出鲜明的连续性，也造就了中国文化经典整理、注疏和解释传统兴盛的局面。

第三个代表性的高峰：宋代开启的理学时代。经学时代并不是一

---

[1] 冯友兰：《中国哲学史》上册，商务印书馆 1947 年版，第 492 页。

个停滞的时代，新的思想在旧的形式之中不断涌现，以回应时代问题和思想对手的挑战。子学仍然保持着生命力，魏晋玄学的兴起显示出道家思想的蓬勃生机。与此同时，随着西域的开拓，中外贸易交流等的深化，印度佛学从东汉开始传入中国，并在南北朝至隋唐时期流行开来。从世界观到人生观，佛学带来了新的文化因素，和本土文化相结合形成了中国化佛学传统，对于以儒学为主体的经学构成了严峻挑战，以至出现"儒门淡泊，收拾不住，皆归释氏耳"的局面。与此同时，宋与辽、金、西夏、蒙古等并立对峙，也对民族生存构成了极大威胁。北宋初期的儒者以"华夷之辨"凝聚精神，以明体达用经世济民，周敦颐、张载、二程（程颢、程颐）等胸怀恢复三代的志向，自觉地针对主张"空"和"无"的佛老，从宇宙、心性、政治、社会、人生等不同角度，系统地阐释儒家经典，创造性地重构儒学思想，重建儒家秩序，接续儒家道统。在此基础上，南宋朱熹、陆九渊建立起成熟的理学和心学体系。以朱熹为例，他一方面系统地解释儒学经典并把"四书"纳入经典体系，另一方面以理为中心建立起贯通天人、理事、心性的完整细密的思想系统，仁义的价值、礼乐的秩序、圣人的权威得以成就在坚固的根基之上。朱熹所代表的宋代新儒学，将经学时代推进到一个新阶段，成为南宋之后元明清的主流意识形态，并传播到日本、朝鲜、越南等东亚地区。明代王阳明的心学反理学之弊，标榜心外无理、知行合一，风靡一时；明清之际黄宗羲、顾炎武、王夫之反思中国传统政治思想，颇具启蒙精神。凡此种种，标志着中国思想开始进入到一个大转折的历史时刻。

创新塑造了中华文化主体性

中华民族的历史实践和理论创新造就了中华文化的独特精神和鲜明品格，塑造了中华文化主体性，奠定了中华文明连续性和创新性的根基。中华文化主体性集中表现在如下几个方面。

一是价值立本。价值是文化的根本，无论是文化的确立还是文化的进步，本质上都离不开价值观的支撑。中华优秀传统文化的价值观，包括讲仁爱、重民本、守诚信、崇正义、尚和合、求大同等，最集中地体现在道和德这两个观念之中。道奠定了最基本的价值原则和方向，德是以道来塑造生命和社会。仁义是儒家之道的核心，以此修身、齐家、治国、平天下，便是明明德，便是亲民，便是止于至善。儒家讲仁爱，从亲亲开始，"亲亲而仁民，仁民而爱物"。推至极处，则是宋明时代儒者常常说的以天地万物为一体的境界。《礼记》"大道之行也，天下为公"的大同世界就是这种价值理想的具体表达。

二是秩序立纲。秩序是文化的骨干，建立在价值的根基之上，表现在对天地人和社会各领域的稳定组织之中。人的特点是群居，生活在各种不同的共同体之中，这就决定了秩序的不可或缺性。秩序之用在于纪纲万物，人和万物得以在其中明确自己的位置，拓展自己的发展空间。中华文化最重秩序，英国学者李约瑟曾经说："中国思想中的关键词是'秩序'。"[1] 礼乐是最具代表性的秩序符号，"乐合同，礼别异"，礼呈现的是世界上客观存在的差别，乐则是差别的统一。礼乐交互为用，既承认差别又肯定统一，让中华文化的秩序精神具有强烈的伦理性，其最终目标则是生命的塑造及社会的和谐。这就是《礼记·中庸》所说的"致中和，天地位焉，万物育焉"。中华文化的秩序精神渗透到包括建筑在内的各个方面，普及到人伦日用各个领域。

三是人心立基。人心是文化的枢纽，价值和秩序只有安放在人心之上，内化于心，才能获得稳定的根基。人为万物之灵，灵的关键就在于心。心的发现是中国哲学时代开启的一个重要标志，也是中国文化进步到一个新阶段的重要标志。孟子以心为大体，耳目鼻口手足为小体。耳目之官不思，很容易被外物所牵引。心之官则思，通过思的能力，意识到仁义价值和礼乐秩序乃是人的本质。仁义礼乐根于心、存于性，是人之所以为人者。由此，价值和秩序就内在于生命，人成为道德的人、伦理的人、文化的人。世界成为道德的世界、伦理的世界、文化的世界。宋明理学高度肯定人心的地位和作用，朱熹主张"能存心，而后可以穷理""心包万理，万理具于一心"，心是格物致知、修齐治平的关键。明代思想家王阳明的学问被称为心学，心即理，"虚灵不昧，众理具而万事出。心外无理，心外无事"。人心一点灵明

---

1 ［英］李约瑟：《中国科学技术史》第 2 卷，科学出版社、上海古籍出版社 1990 年版，第 305 页。

就是人人皆有的良知，致良知于事事物物，做到知行合一，才算是一个真正的人、道德的人。

四是教化立俗。教化是文化的功用，以价值正治人心，以秩序规范行为。中华文化极其重视教化，视之为移风易俗、塑造人格、改善社会的基本途径，所以有"观乎人文，以化成天下"之说，后世概括为人文化成。孔子到卫国，感叹人口众多，有庶之、富之、教之之论。人多是优势，但还要富裕，还要教育。教的目的是让德扎根于内心，呈现于四体。荀子有感于现实世界的缺陷，特别强调教化的作用，认为人的差别源于教育，主张"论礼乐，正身行，广教化，美风俗"。教的另外一面就是学，《荀子》的第一篇就是《劝学》，强调"学不可以已"，学以成人。历朝历代都立学校，汉代举贤良、孝廉，隋唐开始兴科举，宋代书院兴盛，都是重视教化的体现。

五是器物立用。"器以藏礼。"器物是文化的有形表达，具有鲜明的秩序内涵。"形而上者谓之道，形而下者谓之器。"形而上即体现在形而下之中。大到城市、宫殿、宗庙，小到车马、服饰、食具，器物成为表达中华文化价值和秩序的载体。铸鼎象物，表达的是三代的宇宙观和天下观；宗庙明堂，表达的是敬畏天地、祖先和生生不息的追求。考古博物馆陈列的文物和版本馆收藏的古籍，呈现的是中华民族的生产生活世界和精神世界，承载着中国文化之道。

中华文明创新性的主要特征

一是传承与创新交互为用。中华文明作述并重，作是创制、制作，述是传述、传承。周公制礼作乐，众所周知。《系辞传》从包牺氏作八卦、作结绳而为罔罟开始，历数神农氏作耒耜、日中为市，黄帝尧舜氏垂衣裳而天下治、作舟楫、服牛乘马、重门击柝、臼杵之利，以及后世圣人作书契。《世本·作篇》集中记载了历代圣贤的制作，如燧人出火、蚩尤作兵、仓颉造书、祝融作市、舜始陶、鲧作城郭、禹作宫室、奚仲作车、杜康造酒、武王作婴、夔作乐等，可见对于创新的重视。作被认为是圣人之事，如《周礼·考工记》所说："知者创物，巧者述之，守之世，谓之工。百工之事，皆圣人之作也。"将制作归之于圣人，显示出制作的神圣性。与作相对的是述，述即传承圣人之制作，圣人作，贤者述，构成一个创新和传承相辅相成的链条。中国文化具有明显的"寓作于述"特征，述是传承，作是创新，在创新中传承，在传承中创新，丰富并巩固了中国文化主体性。

二是在通变中回应时代问题。问题是创新的起点，也是创新的动力源。"观水有术，必观其澜。"社会大变革的时代，正是时代问题集中呈现的时代，也是创新思想和技术集中出现的时代。中华文明推崇"究天人之际，通古今之变"，上述理论创新的几个高峰，无一不是出现在社会剧烈变化的时期，无一不是要解决旧秩序瓦解、新秩序建立的问题。围绕着秩序重建，孔子及其后学从"礼之本"入手，内探心性，中通人伦，上达天道，发展出影响深远的儒家传统。同样围绕秩序重建，朱熹上承孔孟、近接北宋五子，通过对理气、道器、心性关系的辨析，守正不守旧，完成了宋代新儒学的建构，重新焕发出儒学的生命力。清朝末年，面对三千年未有之大变局，康有为、梁启超、孙中山等先进的中国知识分子不断探索拯救中国之路，为马克思主义和社会主义在中国的成功实践积累了历史经验。

三是开放包容和视野交融。"和实生物，同则不继。"不同事物的结合是创新的重要途径。考古发现表明，中华大地上各古代文化之间的交流互鉴推动了中华文明的进步。先秦诸子不同的思想视野，为汉代的思想整合和理论创新提供了丰富的知识基础。经学传统内部以及经学和子学之间的张力也一直是避免思想僵化的重要前提。佛教东传、西学东渐，跨文明之间的交流，更是拓宽了中华民族的知识和思想视野。英国哲学家罗素在《中西文明比较》中写道："不同文明之间的交流过去已经多次证明是人类文明发展的里程碑。"[1]佛学空无的世界观、精致的心性论极大刺激了固有的儒学传统，促使其在批判性吸收的过程中建构起新儒学体系。清末西学的输入在对几千年相对独立发展的中华文明构成严峻挑战的同时，也推动了中华文明融入现代世界的历史进程。马克思主义传入中国，改变了中国的命运，马克思主义基本原理同中国具体实际相结合、同中华优秀传统文化相结合，在实

---

1 ［英］伯特兰·罗素：《一个自由人的崇拜》，胡品清译，时代文艺出版社 1988 年版，第 8 页。

践创新的基础上不断实现新的理论创新，不断推进马克思主义中国化时代化。借助于开放包容，在整合和结合中创新，是中华文明创新性的一个重要特征。

四是强烈的担当意识和使命感。中华文明具有深厚的忧患意识，并转化为强烈的使命担当。忧患意识表达的是对民族国家的关心，有关心，才有思考，有思考，才有创新。从"《易》之兴也，其于中古乎？作《易》者，其有忧患乎"到"先天下之忧而忧，后天下之乐而乐"，中国文化崇尚家国情怀、天下担当。孔子以传承三代文化为己任，"文王既没，文不在兹乎"。孟子曰："夫天未欲平治天下也；如欲平治天下，当今之世，舍我其谁也？"北宋张载云："为天地立心，为生民立命，为往圣继绝学，为万世开太平。"正是这种担当意识和使命感，赋予历代中国人追求真理、追求创新的勇气。

中华民族现代文明的建设，扎根于5000多年中华文明传统之中，伴随着中国式现代化的历史进程。过去未去，未来已来。中华文明的创新性也决定了中华民族必将在新时代承担起新的文化使命，在传承、通变、开放、承担中不断创新。正如习近平总书记指出的："要坚持守正创新，以守正创新的正气和锐气，赓续历史文脉、谱写当代华章。"[1]

---

1 《担负起新的文化使命　努力建设中华民族现代文明》，《人民日报》2023年6月3日。

中华文明统一性的历史解读和当代启示

郑任钊 *

*　中国社会科学院古代史研究所研究员、博士生导师，中国社会科学院中国思想史研究中心研究员。

习近平总书记在文化传承发展座谈会上指出："中华文明具有突出的统一性，从根本上决定了中华民族各民族文化融为一体、即使遭遇重大挫折也牢固凝聚，决定了国土不可分、国家不可乱、民族不可散、文明不可断的共同信念，决定了国家统一永远是中国核心利益的核心，决定了一个坚强统一的国家是各族人民的命运所系。"[1]纵观世界历史，疆域面积能比照中国的国家，其统一的历史至多也就几百年。多少偌大帝国，一旦分崩离析，就再也没有机会统合在一起。唯有中国，几千年来，仿如冥冥中有一股神秘力量，始终将这片广袤国土以及生长于斯的人民凝聚在一起，即使经过一段时期的分裂，也终会再度走向统一。这股力量，就是中华文明与生俱来并伴随中华文明一路走来的统一性。统一性伴随着中华文明的发展不断强化，也是推动中华文明走上与其他文明迥然不同发展道路的重要根源。

统一性是中华文明与生俱来的特性

北方的大漠，西方的高山，东方与南方的海洋使中华文明处于相对独立的自然地理单元之中。中华文明是世界上少有的原生性文明，在很长一段时间内走的都是一条自我独立发展的道路，形成诸多自成一格的特性。统一性是中华文明与生俱来的一种特性，植根于遥远的史前时期，植根于中华文明的起源与早期发展过程之中。

---

1 《担负起新的文化使命　努力建设中华民族现代文明》，《人民日报》2023 年 6 月 3 日。

我们通常说秦始皇统一中国，但翻开典籍，我们看到《史记·五帝本纪》讲黄帝时期"诸侯咸来宾从""诸侯咸归轩辕"；《尚书·尧典》讲尧"光宅天下""协和万邦"；《尚书·益稷》《舜典》讲舜"光天之下，至于海隅苍生，万邦黎献，共惟帝臣""五载一巡守，群后四朝"。在这些典籍的描述中，上古时期中华大地上邦国林立，但不是一盘散沙，而是有核心、有组织、有秩序的，中国先民一直在追求并实现了相当规模的统合。现代考古学研究也证明，在距今五六千年的新石器时代晚期，中华文明逐渐形成了以中原为核心，以黄河中下游和长江中下游为主干的多元一体有核心的结构模式。[1]陈连开教授指出："公元前3000年—前2000年间，是中华文化由多元向一体融合的最关键时期。""考古学上所见到的现象是：文化上呈现出强烈的统一趋势。"[2]

黄河流域、长江流域独特的地理和气候为原始农业提供了良好的自然条件，养育了众多的部族和人口，但也带来了频繁的水旱灾害，中国先民"所要应付的自然环境的挑战要比两河流域和尼罗河的挑战严重得多"[3]。为了回应人们共同面临的生存环境的挑战，解决人与人、人与自然之间的巨大矛盾，中国先民提出了"协和万邦"的理念，倡导共同协作，并构建了统一协调管理的社会政治组织。

1　卜宪群总撰稿：《中国通史》第1册，华夏出版社2018年版，第38—39页。
2　陈连开：《论中华文明起源及其早期发展的基本特点》，《中央民族大学学报》2000年第5期。
3　[英]汤因比：《历史研究》上册，曹未风等译，上海人民出版社1959年版，第92页。

钱穆先生曾将世界群族文化演进划分为"西方之一型"与中国的"东方之一型",认为西方"于破碎中为分立,为并存",中国则"于整块中为围聚,为相协"。[1] 团聚协同、趋向统一,中华文明从一开始就走上了与西方截然不同的发展道路。现代考古学和古气候研究证明,古代中国在公元前 2000 年前后确实经历了一个气候较为异常的时期,并遭遇了大洪水。《尚书》《史记》等典籍都记载,"洪水滔天,浩浩怀山襄陵,下民昏垫",洪水淹没农田,漫上丘陵,百姓困苦不堪,舜帝派大禹治水十余年终获巨大成功。

面对洪水,中国先民不求神、不逃避,而是选择团结协作、迎难而上。治理洪水注定不是局部性的,而是需要大范围动员社会集体力量。大禹"开九州,通九道,陂九泽,度九山""食少,调有余相给,以均诸侯",统一指挥各邦国人民疏通水道、兴修水利,在各邦国之间统一调度粮食。通过合作治水,"天下万邦"愈加紧密融合,实现了"九州攸同""四海会同""东渐于海,西被于流沙""声教讫于四海"的格局,催生了名副其实的文明国家——夏朝,孕育了华夏民族,同时也将统一性深深融入了中华文明的血脉中,刻入了中国人的基因中。

自此,原来部落联盟的盟主权转化为王权,确立了"包括中央

1　钱穆:《国史大纲》,商务印书馆 1994 年版,第 23 页。

王国和周边诸侯邦国在内的多元一体的王朝国家的最高统治权"[1]。《左传·哀公七年》载"禹会诸侯于涂山，执玉帛者万国"，《诗经·商颂·玄鸟》描述商汤是一位"奄有九有""肇域彼四海"的君王。到了西周时期，《诗经·小雅·北山》提出了"溥天之下，莫非王土；率土之滨，莫非王臣"。由夏至商至西周，王权的影响力不断上升，支配的范围越来越大，对疆域的控制越来越稳固。"溥天之下，莫非王土"意谓疆域、国土的统一；"率土之滨，莫非王臣"意谓国家政治的统一。周人立国，分封诸侯，并由周公主持建立了完备的宗法制度。周天子是天下大宗，诸侯都是经过周王分封的，王权的地位大大提高，"由是天子之尊，非复诸侯之长而为诸侯之君"[2]。从这种意义上说，那时中国已经是一个统一国家，是一种分封制的统一国家，只是与后来秦王朝实行的中央集权的郡县制的统一国家不同。

从部落联盟到文明国家的形成，从"协和万邦"到"溥天之下，莫非王土；率土之滨，莫非王臣"，我们可以清楚地看到，其中趋向统一的文化认同与政治理念一脉相承并不断清晰、强化。

1　王震中：《中国王权的诞生——兼论王权与夏商西周复合制国家结构之关系》，《中国社会科学》2016年第6期。
2　王国维：《观堂集林》卷10《殷周制度论》，河北教育出版社2003年版，第238页。

秦汉以后，大一统思想逐渐成为中国人的一种文化信仰，成为中华民族最重要的核心价值观之一

"大一统"一词的明确提出是在汉初，《春秋公羊传》用大一统来解释《春秋》首句"元年春王正月"。然而大一统的思想基础早在先秦时期就已奠定。《春秋公羊传》提出的大一统，是公羊学派为终结乱局、重建社会秩序而提出的设计方案，是对历史发展方向所提出的一种思想主张，同时也是对先秦天下一统观念的精练总结。

随着周王朝的建立，中国人产生了明确的"天下"观念。天下的观念一开始就是和追求与认同统一的观念相联系的。[1]周人的天下是一个整体，是一个中心向四方逐级扩展延伸的圈层结构，是一套以周天子为中心的统治秩序。西周实行的分封制在很长一段时间内维护了周人对天下一统的构想。然而，随着时代推移，这种建立在血缘关系基础上的分封制的脆弱性愈发明显。平王东迁后，周王室权威大为衰落，周天子虽仍名为天下共主，实质上已无力统辖各诸侯国，天下日益走向分裂。战国时乃至"争地以战，杀人盈野。争城以战，杀人盈城"，人民生活在巨大的苦难之中。同时，周边民族纷纷涌入中原，形成与诸夏交错杂居的局面。

如何挽救分裂、混乱的政治局面，如何让人民有一个安定的生活，如何解决日益复杂的民族问题，春秋战国时期的思想家们不约而同地

---

1 王子今：《"一天下"与"天下一"：秦汉社会正统政治意识》，《贵州社会科学》2020年第4期。

提出了"一天下"的主张。诸子或主张武力统一，或反对武力统一，或强调"仁道"，或强调"修政"，但他们显然都认同社会发展的趋势必然是归于统一，认为结束战乱纷争、安定天下的唯一途径就是统一。同时众多人才奔走于各个诸侯国之间，为实现"天下为一"的目标贡献自己的才智。可以说，在秦统一中国之前的一两百年间，一种新的更高层次的统一在思想层面已经逐渐形成，并获得了人们的认同。

秦灭六国，建立了第一个中央集权的统一国家。正如《史记·秦始皇本纪》所载："海内为郡县，法令由一统，自上古以来未尝有。"秦的统一，是中国历史上一种全新的统一，其统一的版图规模亦远远超出原来七国故地。然而秦王朝尚缺乏管理统一国家的经验，又以苛政峻刑治国，很快被推翻。秦末乱局甫定，汉初又发生同姓王七国叛乱，国家分裂混乱的阴云仍然挥之不去。汉朝立国，维护和加强国家的空前统一成为时代的迫切需要。胡毋生等人将《春秋公羊传》著之竹帛于前，董仲舒《举贤良对策》升华大一统说于后，《春秋公羊传》关于国家统一和安定天下的大一统思想终于被汉武帝采纳，得到了实践，由此奠定了汉代的政治格局，进而深刻影响了2000多年的中国社会，在维护国家统一和社会安定方面发挥了不可估量的作用。

大一统的"大"字原来是一个动词，即推重推崇之义。大一统用现代汉语表达就是"重视国家的统一"，后来则又衍生出版图、规模宏大之意。《春秋公羊传》的大一统主要有四方面的内涵：一是中央集权。加强王权，明确上下分际，严格约束限制臣下的名分权力。国家的统一、社会的稳定成为最高的价值、核心的价值。二是天下一家。夷夏只是文化的区分，文化落后民族在文化先进民族的影响下渐进，逐步摆脱落后面貌，共同走向进步。摒弃了狭隘的民族观念，向往一种多民族交融的统一。三是安天下之民。只有实行仁政的统一才能凝聚人心，国富民足才能长治久安。四是拨乱反正。当国家分裂、社会混乱时，"力能救之"的人应当积极起来维护国家统一和恢复社会秩序。

董仲舒应对汉武帝策问时又对大一统说进行了发挥。董仲舒说："《春秋》大一统者，天地之常经，古今之通谊也。"董仲舒把"大一统"定义为宇宙的普遍法则，又针对"今师异道，人异论，百家殊方，指意不同"等妨碍统一的现象，提出"诸不在六艺之科、孔子之术者，皆绝其道，勿使并进"的建议。董仲舒认为思想不统一，政治上的统一是无所依靠的，必须有一个统一的指导思想，国家政治的方方面面才会趋向于统一，老百姓才会知道遵循什么，社会才能稳定。

近代以来，思想文化统一往往被说成是文化专制而颇受诟病。但客观地看，一个疆域广大、人口众多的大一统国家需要一个具有导向性的主流思想。在国家政治统一的格局下如何实现思想文化的统一，进而以思想文化的统一维护国家的统一和稳定，是大一统国家必须思考和解决的问题。而统一到哪里，就要找到最能为人们所接受的、最契合统一国家需要的思想资源。选择儒家经学作为中华文化统合的思想平台，可以说"是整个中华民族的历史选择"[1]。这是汉代思想文化政策能够成功、经学能够2000多年始终居于官方意识形态地位的深层原因，也是中国长期统一的文化根基。

大一统观念随着中华文明的起源而萌发，在夏商周三代逐渐发展，经由春秋战国至秦汉的理论构建与实践，形成了系统的思想理论。大一统并非只是政治统一、疆域统一，其深层次的要求是民族和谐、人民安乐。秦汉以后，大一统思想深入人心，并逐渐成为后世中国人的文化信仰，是中华民族最重要的核心价值观之一，为中国的长期统一提供了理论支撑和信仰力量。

古往今来，人民痛恨分裂、渴望统一。反映在诗人那里，讴歌统一、呼唤统一的诗文层出不穷。如唐代杜甫的"愿驱众庶戴君王，混一车书弃金玉"，宋代陆游的"死去元知万事空，但悲不见九州同"，元代元好问的"四海于今正一家，生民何处不桑麻"，等等。在中国传统文化中，无论什么时候统一都是正面的词汇，分裂都是负面的词汇。在分裂时期，即使在各种利益集团的私心私欲妨碍国家统一的时候，追求统一、维护统一仍然是不可违抗的最大民意，这也是国家重新走向统一的社会基础。中国秦汉以后2000多年的历史，既是一部不断走向更大规模的统一的历史，也是一部大一统思想不断深化与发

1　姜广辉：《新经学讲演录》，中国社会科学出版社2020年版，第37页。

展的历史。

自秦以后的 2000 多年，统一始终是中国历史发展的主流和大势

中国作为一个长期统一的多民族国家，文明不曾中断，主体疆域能够保持稳定，而且随着时间的推移，中央集权制度不断强化，民族融合不断深入，统一的基础日益巩固，统一的时间愈发持久，这在整个世界范围内是绝无仅有的。

从秦朝统一开始至清朝结束统治，共计 2100 多年。忽略一些局部或短暂的分裂不计，我们大体上可以把秦汉、西晋、隋唐、元明清视为四个统一的时期，一共是 1400 年左右，其余的分裂时期一共是 700 年左右。由此可见，在中国历史上，统一的时间约占 2/3，分裂的时间约占 1/3，统一是绝对的主流。在分裂之后，中国总是能再度走向统一，而且是走向更大规模的统一。尤其是元代以后，中国基本上就是统一的状态，这反映了随着时间的推移，统一愈加巩固和强化。

年份的统计因尺度的不同可能会产生一些误差，但统一始终是中国历史发展的主流和大势，这是毋庸置疑的。我们不能将统一王朝内部存在割据势力一概视同为国家分裂，地方割据只是表明中央权威的衰落，整个国家在形式上仍然是统一的。胡如雷先生曾说："唐朝后期藩镇林立，呈地方割据状态，但国家尚未分裂。"[1] 局部地区在一段时间

1　胡如雷：《略谈中国古代的国家体制——统一、集权、专制》，《山东社会科学》1988 年第 1 期。

内的割据分离，并不影响中央政权的大一统性质。因此，我们不能认同用那种小刀切块的方式处理历史而得出中国历史上分裂、分治是主流的偏颇结论。

为了维护和巩固统一，历朝历代皆加强中央集权的制度建设、经济建设和思想文化建设。秦废分封，行郡县，设三公九卿，推动"书同文，车同轨，行同伦"，统一货币和度量衡；汉颁布"推恩令"，推行察举制和刺史制，实行平准均输、盐铁专卖，"罢黜百家，表章六经"；隋唐确立三省六部制、科举制，推行两税法；元代实行行省制，设立宣政院和宣慰司；明代设三司，实行内阁制度和巡抚总督制，推行一条鞭法；清代设军机处、理藩院，划设将军辖区和办事大臣辖区，推行改土归流、摊丁入亩。历代持续构建以儒家经学为主的国家意识形态、规范统一汉字的书写与语音、推广礼乐教化。这些制度和措施不断夯实国家统一的基础，增强了国家对广袤国土的有效治理，促进了统一的多民族国家的发展和巩固。

统一通常意味着安定与繁荣的历史景象。贾谊《过秦论》写到秦始皇一统天下，结束了"兵革不休，士民罢敝"的混乱局面，老百姓可以"安其性命"，因而得到"天下之士"的拥护。传统文化中譬如"九州晏如""四海晏然""天下太平"一类词汇无一不是形容大一统条件下人民安居乐业的盛景，或是表达人们对这种盛景的期盼。大一统带来的安定的社会环境，为生产的兴盛、人口的繁衍、财富的积累、社会的发展提供了根本保障。中国历史上著名的盛世如文景之治、贞观之治、开元盛世、康乾盛世，都发生在大一统时代。可以说，每一代中国人的福祉，都与国家的统一息息相关。反之，分裂往往导致山河破碎，兵灾迭见，生灵涂炭。割据交战给社会生产和人民生活带来极大破坏，史载"无复农作""阡陌夷灭""百业俱废"，甚至出现"积尸竟邑""人烟断绝""人相为食"的人间惨剧。此时人们的心愿，正如《晋书·桓玄传》所说："百姓厌之，思归一统。"

统一多与民族和谐共处联系在一起。历代皆将促进民族交融、实现"遐迩一体，中外褆福"视为国家的要务。大一统是多民族融合的统一，各民族共同生活在一个大家庭里。明代刘基有诗称："大漠造瀚海，重关阻飞鸿。昔为征戍场，今见车轨同。"那些昔日关隘重重、邻族重兵攻防的地方，因为统一而不再区分彼此，不再陷于战乱，诗人对此由衷地赞叹。

中国古代对王朝的历史评价有正统与非正统的区分。欧阳修《原正统论》说："正者，所以正天下之不正也；统者，所以合天下之不一也。"统一天下就是正统最根本的要求。因此，历代统治者皆有实现和维护大一统的使命感。处于分裂时期的各政权，有作为的统治者也都将"混同宇内，以致太和"作为最高政治目标。比如，前秦符坚"每思天下不一，未尝不临食辍哺"，金帝完颜亮明确宣称"自古帝王混一天下，然后可为正统"。这里我们注意到，前秦和金的统治者均不是汉族，但都自觉认同并接受了大一统的思想，都有统一中国的意愿，后来更由元和清实现了这一目标。

长时期的大一统格局，让古往今来的中国人视统一为理所当然的正常状态，视分裂为非正常状态。即使那些割据政权的统治者也认为自己的割据只是暂时的，如吴越开国之主钱镠说："焉有千年而其中不出真主者乎？"南平国主高保助之弟说："真主出世，天将混一区宇。"他们虽然没有志向统一，但都相信终究会有人来完成统一，而且自己占据的这块土地也必是将来统一国家的一部分。事实上，历史上那些无心统一、只图偏安的政权，最终的归宿也必然是被统一。

中华文明统一性的当代启示

英国著名历史学家汤因比曾说："就中国人来说，几千年来，比世界任何民族都成功地把几亿民众，从政治、文化上团结起来。他们显示出这种在政治、文化上统一的本领，具有无与伦比的成功经验。"[1]诚如其所说，中国人有关统一的"本领"与"经验"，也就是数千年来的大一统思想以及与之相适应的国家治理实践确实非常成功，可以给我们今天在党中央的坚强领导下，维护和巩固统一的多民族国家，完成祖国的统一大业，保证国家的长期稳定和繁荣昌盛提供诸多深刻

1　[日]池田大作、[英]汤因比：《展望21世纪：汤因比与池田大作对话录》，荀春生等译，国际文化出版公司1997年版，第283—284页。

启示。

坚决维护国家统一,推进祖国统一大业。国家统一永远是中国的核心利益。解决台湾问题、实现祖国完全统一,是中国共产党矢志不渝的历史任务,是全体中华儿女的共同愿望。无论是谁,试图挑战中国底线,试图破坏和阻碍中国统一,都必将遭到中国人民无情的打击。

坚持党中央集中统一领导。党领导全国各族人民把我国建设成为团结强大的社会主义国家,成功实现了香港和澳门的回归,取得了一系列涉及领土和主权斗争的重大胜利。中国共产党是民族复兴、国家统一的坚强领导核心,我们必须坚决维护党中央权威,毫不动摇地坚持党中央集中统一领导。只有这样,我们才能将全国人民紧密团结在一起,保证国家统一、法制统一、政令统一、市场统一。

坚持以习近平新时代中国特色社会主义思想为指导。中国化时代化的马克思主义和包括大一统核心价值观在内的中华优秀传统文化,是我们今天维护国家统一思想防线的"双保险"。中国化时代化的马克思主义是凝聚党心民心的强大理论武器,中华优秀传统文化是维系民族团结和国家统一的牢固纽带。习近平新时代中国特色社会主义思想是中华文化和中国精神的时代精华,是马克思主义中国化时代化的最新成果。我们要继承中华优秀传统文化并践行大一统价值观,坚持习近平新时代中国特色社会主义思想的科学指导,让国家统一的思想防线牢不可破。

加强民族团结，铸牢中华民族共同体意识。数千年来，各族人民建立了紧密的政治经济文化联系，始终追求团结统一，形成了强大的凝聚力和向心力。新中国成立后，各民族在社会主义制度下实现了真正意义上的平等团结进步，走进了友爱合作的大家庭。一个坚强统一的国家是各族人民的命运所系，我们要铸牢中华民族共同体意识，促进各民族像石榴籽一样紧紧抱在一起，共同团结奋斗、共同繁荣发展、共同建设强大统一的祖国。

中华文明包容性的内在意蕴、时代价值与实践遵循

范周 [*]

---

[*]　北京京和文旅发展研究院院长，中国传媒大学教授、博士生导师，杭州师范大学钱塘学者、讲座教授。

2023 年 6 月，习近平总书记在文化传承发展座谈会上发表重要讲话指出："中华文明具有突出的包容性，从根本上决定了中华民族交往交流交融的历史取向，决定了中国各宗教信仰多元并存的和谐格局，决定了中华文化对世界文明兼收并蓄的开放胸怀。"[1] 文明的演进、繁荣、进步，离不开包容开放，也离不开交流互鉴。正确理解中华文明包容性的意涵、价值，对在新时代推进中国式现代化具有重要意义。

中华文明包容性的历史根源

理解阐释中华文明的包容性，应沿着中华文明的历史脉络寻根探源。考古成果已经证实，中国具有 100 万年以上的人类生存史，而在漫长的文明演进史上，中华文明强大的包容性，成为其绵延不衰的重要基础之一，也展现出中华民族以和为贵的和平性格、海纳百川的包容特质、天下一家的大国气度。

从中华文明的起源看，它是以发源于亚洲大陆黄河流域的中原文化和长江流域楚文化的融合发展为中心，不断融合了周边部落和少数民族文化而形成的中华民族文明共同体。春秋战国时期，儒墨道法等各家学说在争鸣交锋中共生相融，中国文化已经初步展现出顺天法地、包容万物的特征。秦汉以降，政治上统一的国家制度、文化上统一的语言文字和各民族多样化的经济社会生活，使中华民族既建构了

---

1 《担负起新的文化使命　努力建设中华民族现代文明》，《人民日报》2023 年 6 月 3 日。

以宗法制、郡县制、科举制和儒释道文化为支撑的大一统封建国家的弹性体制和结构形式[1]，同时又形成了以不同地区的经济文化为特色的包容性、融合性和创造性的区域性发展空间。盛唐时期，"九天阊阖开宫殿，万国衣冠拜冕旒"，各民族广泛交往，海纳百川、兼容并蓄的非凡风气贯穿整个社会，造就了宗教、文学、乐舞、服饰等文化领域的高度繁荣。宋元时期，在当时的贸易大港泉州，东西方宗教多元并存，创造了印度、波斯、希腊、大夏、安息、罗马和中国等不同文化元素和谐共生的文化奇观。明代，郑和率领的航队开启了规模庞大的航海之旅，他们以和平的方式用瓷器、丝绸交换各国珍宝、香料，将中国的历法、乐器、种植技术等传播到各地。总的来说，在中华古代文明演进过程中，东亚大陆具有多样性的地理、气候条件和农牧经济造就了中华民族天人合一、和而不同的思想理念，形成了三教九流的多样性和兼容并蓄的包容性文化。[2]

进入近代，中华文明曾一度遭遇挫折，由坚船利炮开路的西方文化与中国传统文化产生激烈碰撞。十月革命爆发后，中国开始学习、接受、传播和转化马克思主义。在马克思主义的指引下，中国共产党带领中国人民逐渐走上一条自觉、自信、自强的文化建设道路。"在五千多年中华文明深厚基础上开辟和发展中国特色社会主义，把马克思

---

[1] 厉以宁：《资本主义的起源——比较经济史研究》，商务印书馆 2003 年版，第 439—450 页。
[2] 梁漱溟：《中国文化的命运》，中信出版社 2010 年版，第 32 页。

主义基本原理同中国具体实际、同中华优秀传统文化相结合是必由之路。这是我们在探索中国特色社会主义道路中得出的规律性的认识，是我们取得成功的最大法宝。"[1] 新民主主义革命时期，毛泽东同志曾提出："我们的方针是，一切民族、一切国家的长处都要学。""必须有分析有批判地学，不能盲目地学。"[2] 社会主义革命和建设时期，我们党提出了"百花齐放，百家争鸣""古为今用，洋为中用"等思想方针，这对当今社会文化发展依然具有启示镜鉴作用。改革开放后，国家中心任务转移至经济建设，邓小平同志一方面提出"和平与发展是当今世界的两大主题"，秉持开放包容的发展理念，提倡吸收借鉴人类文明成果，另一方面强调"以我为主，为我所用"方针，坚持中国特色社会主义文化的主体地位。20 世纪 90 年代，江泽民同志提出："各个国家、各个民族都为人类文明的发展作出了贡献。应充分尊重不同民族、不同宗教和不同文明的多样性。"[3] 党的十六大以来，胡锦涛同志提出："建设和谐文化，是构建社会主义和谐社会的重要任务。"[4] 可以说，我们党在历史上一直强调文化相互借鉴、求同存异，尊重世界文明多样性，共同促进人类文明繁荣进步。

党的十八大以来，习近平总书记多次强调中华文明兼收并蓄的文

---

1 《担负起新的文化使命 努力建设中华民族现代文明》，《人民日报》2023 年 6 月 3 日。
2 《毛泽东文集》第 7 卷，人民出版社 1999 年版，第 41 页。
3 《十五大以来重要文献选编》中册，人民出版社 2001 年版，第 1356 页。
4 《胡锦涛文选》第 2 卷，人民出版社 2016 年版，第 539 页。

明特性，强调平等、互鉴、包容的文明观。"中华文明是在同其他文明不断交流互鉴中形成的开放体系。从历史上的佛教东传、'伊儒会通'，到近代以来的'西学东渐'、新文化运动、马克思主义和社会主义思想传入中国，再到改革开放以来全方位对外开放，中华文明始终在兼收并蓄中历久弥新。"[1]"各民族之所以团结融合，多元之所以聚为一体，源自各民族文化上的兼收并蓄、经济上的相互依存、情感上的相互亲近，源自中华民族追求团结统一的内生动力。"[2]中华文明独一无二的历史土壤孕育了中华文明兼容并包、厚德载物的文化气质，这种强大的包容性在中华文化传承演进过程中承担着重要的历史使命，在思想价值、民族融合、宗教信仰、社会礼俗、文化交融等方面作出了重要的历史贡献。也正因此，中华文明才能以其蓬勃的生命力、强大的凝聚力、多样的表现力和独特的创造力屹立于世界之林。

中华文明包容性的丰富意涵

中华文明具有突出的包容性。所谓"包容"，意指容纳、宽容，是处理人与人、人与自然等不同主体之间差异性的一种精神态度。包容文化既在人类实践中生成，也随着人类社会的发展不断完善与丰富，是人类历史发展过程中长期积累的一种综合性智慧，对传统文明

---

1 《习近平谈治国理政》第 3 卷，外文出版社 2020 年版，第 471 页。
2 习近平：《在全国民族团结进步表彰大会上的讲话》，人民出版社 2019 年版，第 7 页。

传承发挥了巨大的作用。[1] 中华文明在起源与演进过程中形成了以"包容、融合、和善"为核心内涵的包容性。[2]

科学理解中华文明包容性的深刻意涵，需要将其置于中华文明的整体特性之中进行考量，充分关照其与其他文明特性之间的紧密联系。连续性是中华文明最为鲜明的特征与优势，也是包容性得以存在和彰显的重要基础；创新性是实现赓续传承的重要手段与路径，是推动包容性内涵外延拓展丰富的重要力量；统一性是中华文明历史演进中形成的强大向心力与凝聚力，和平性是面对不同文明形态时的交往方式和道路选择，二者都是包容性长期实践的具体表现和必然结果。包容性是中华文明绵延至今的宝贵品质，这种包容性文化呈现出传承性、开放性、融合性、创新性和自主性特征。[3]

首先，包容性诠释和而不同的价值基础。钱穆先生认为，和合文化是中国文化精神最主要的一个特性，"中国人常抱着一个天人合一的大理想，觉得外面一切异样的新鲜的所见所值，都可融会协调，和凝为一"[4]。中华文明在其历史演进中较早形成了自己的独特体系，但中华文明并非一个封闭孤立的系统，而是在和合思想的指引下，在各类异质性文化的冲击荡涤中日臻成熟。但无论"天人合一""以和为

1　韩冬雪：《论中国文化的包容性》，《山东大学学报（哲学社会科学版）》2013年第2期。

2　高江涛：《中华文明具有突出的包容性》，《红旗文稿》2023年12期。

3　张占仓等：《中国包容文化的历史贡献与创新发展》，《中原文化研究》2018年第2期。

4　钱穆：《中国文化史导论》，上海三联书店1988年版，第162页。

贵"，还是"协和万邦""和解调通"，就其精神内涵而言，首先建立在和而不同的价值基础上，即尊重文明的多样性、平等性，将多元和不同作为包容的前提。"人类文明多样性是世界的基本特征，也是人类进步的源泉。"[1]"不同文明凝聚着不同民族的智慧和贡献，没有高低之别，更无优劣之分。"[2]我国各民族在历史进程中逐渐形成的多元一体格局，以及宗教信仰多元并存的格局，都是中华文明包容性的生动注解。

其次，包容性彰显文化自信的达观态度。党的十九大报告指出："没有高度的文化自信，没有文化的繁荣兴盛，就没有中华民族伟大复兴。"[3]党的二十大报告提出："推进文化自信自强，铸就社会主义文化新辉煌。"[4]文化自信熔铸于中华优秀传统文化、革命文化和社会主义先进文化的具体实践之中。文化自信并非厚古薄今、裹足不前，而是一种自我肯定的心态、昂扬向前的状态、有所作为的姿态；不仅关注个体、家国、民族之发展，更讲求"各美其美，美人之美，美美与共，天下大同"的文明互鉴与共生共荣。"人类文明因包容才有交流互鉴的动力。"[5]具有包容与融合特质的文化才是大气、厚重、有底蕴的文

---

1 《习近平著作选读》第 1 卷，人民出版社 2023 年版，第 568 页。
2 《习近平谈治国理政》第 2 卷，外文出版社 2017 年版，第 524 页。
3 《习近平谈治国理政》第 3 卷，外文出版社 2020 年版，第 32 页。
4 习近平：《高举中国特色社会主义伟大旗帜　为全面建设社会主义现代化国家而团结奋斗——在中国共产党第二十次全国代表大会上的报告》，人民出版社 2022 年版，第 42 页。
5 《习近平谈"一带一路"》，中央文献出版社 2018 年版，第 15 页。

化，具有善于吸收与借鉴特质的文化，才是鲜活、强壮、有生命力的文化[1]，这是我们不断坚定文化自信的深厚底气，是我们得以保持自身文化坐标立场的精神根基。

最后，包容性蕴含去芜存菁的辩证精神。兼收并蓄不是全盘否定，更不是全盘吸收，而是去伪存真、激浊扬清的理性思辨，是与时俱进、革故鼎新的创造精神。一方面，开放包容为文明创新创造了积极的社会环境，积淀了中华民族的创新精神。英国学者威尔斯在《世界简史》中写道："当西方人的精神被神学蒙蔽失去光泽时，中国人的精神却是开朗、宽容，并不断进步的。"另一方面，无论是继承弘扬传统文化、尊重保护民族文化，还是学习借鉴外来文化，中华文明从来都不乏悦纳包容基础上的创新勇气。例如，以良渚、陶寺、石峁、二里头等都邑性遗址为代表的众多区域文化对其他文明因素的吸收融合大多不是简单的复制性效仿，而是进行了相当程度的改造和创新。[2]佛教、伊斯兰教、基督教文化和近代西方文化在中国的传播，也没有改变中国传统文化固有的基本特征，而是为中国传统文化的创新与发展提供了新的营养。[3]"每一种文明都延续着一个国家和民族的精神血脉，既需要

---

1 张占仓等：《中国包容文化的历史贡献与创新发展》，《中原文化研究》2018 年第 2 期。
2 高江涛：《中华文明具有突出的包容性》，《红旗文稿》2023 年 12 期。
3 罗映光：《对佛教、基督教及伊斯兰教在中国传播及其本土化的思考》，《四川大学学报（哲学社会科学版）》2005 年第 6 期。

薪火相传、代代守护，更需要与时俱进、勇于创新。"[1] 在此意义上，中华文明始终在开放包容、互鉴扬弃中保有和延续着时代的生命力与鲜活性。

中华文明包容性的时代价值

站在开启全面建设社会主义现代化国家新征程、向第二个百年奋斗目标进军的重要历史节点上，我国正在经历广泛而深刻的社会变革，与此同时，世界百年未有之大变局加速演进、国际力量对比深刻调整、社会文化思潮复杂多元。在此背景下，习近平总书记在文化传承发展座谈会上的讲话明确了我们在新时代肩负的文化新使命，即"在新的起点上继续推动文化繁荣、建设文化强国、建设中华民族现代文明"[2]。习近平总书记关于中华文明包容性的论述，对于我们应对社会转型期和文化全球化、构建人类文明新形态、建设中华民族现代文明具有十分重要的现实意义。

其一，包容性为应对百年未有之大变局提供精神动力。当今世界正经历百年未有之大变局，具体来看，世界多极化、经济全球化、社会信息化、文化多样化深入发展，全球治理体系和国际秩序变革加速推进，新兴市场国家和发展中国家快速崛起，国际力量对比更趋均衡。

---

1 习近平：《出席第三届核安全峰会并访问欧洲四国和联合国教科文组织总部、欧盟总部时的演讲》，人民出版社 2014 年版，第 17 页。
2 《担负起新的文化使命　努力建设中华民族现代文明》，《人民日报》2023 年 6 月 3 日。

与此同时，各类社会思潮暗流涌动，保护主义、民族主义、国家主义、反全球化、排外主义、种族主义、霸凌主义、文明冲突论等非理性思想阵营扩大，以及"脱钩""退群"等客观现实，凸显出人们对"异己者"的强烈不安与对抗，全球依存度降低成为鲜明趋势。[1]在此背景之下，强调开放包容的文明交往，正是我们坚持文化主体性以应对百年未有之大变局的外在要求和题中应有之义。

其二，包容性是建设中华民族现代文明的重要根基。习近平总书记对铸就社会主义文化新辉煌提出了新的目标方向："要坚定文化自信、担当使命、奋发有为，共同努力创造属于我们这个时代的新文化，建设中华民族现代文明。"[2]作为中华文明的最新形态，中华民族现代文明必然体现着当今时代的新的特征、新的诉求、新的时代质询及其回应。"欲流之远者，必浚其泉源。"我们需要从中华文明的历史脉搏中寻找文化底蕴，将中华文明包容性作为独特优势进行传承和发扬。一方面，要始终以包容心态面对、吸收和借鉴人类文明优秀成果，"博采东西方各家之长，坚守但不僵化，借鉴但不照搬"。只有保持开放交流、吐故纳新，才能在与他者的对话中不断超越和提升自我。另一方面，还要以开放姿态推动中华文化走出去，在主动交流中促进不同文明的相互学习和发展。

1 贾立政、王慧、王妍卓：《大变局下的国际社会思潮流变——2020国际社会思潮发展趋势研判》，《人民论坛》2020年第36期。
2 《担负起新的文化使命 努力建设中华民族现代文明》，《人民日报》2023年6月3日。

其三，包容性为创造人类文明新形态贡献中国智慧。作为文明演进和创新的必要基础，文化心理和实践层面的包容互鉴充分赋予了创造人类文明新形态的内在动力。进入新时代以来，我们提出人类命运共同体，提倡共商共建共享，在追求本国利益时兼顾他国合理关切，在谋求本国发展中促进各国共同发展。党的二十大报告又将创造人类文明新形态纳入中国式现代化的本质要求，这进一步彰显了中国特色社会主义文明的重要价值。之所以称之为人类文明新形态，是因为它既是中国的又是世界的，既解决了中国问题，又蕴含着解决人类问题的普遍价值。这种普遍价值，首先以开放包容为基础，其文化特质是跨文化尊重，换言之，既不是对弱势文化的俯视，也不是对强势文化的仰视，而是平等对待不同文化，推动不同文化共同发展。通过走中国式现代化发展之路，我们既保持了中华文明的独特性、独立性，同时吸收了其他人类文明的优秀成果，由此生发出的人类文明新形态，不仅擘画了中华文明在世界文明版图上的发展愿景，其本质更是中西方文明兼容并包的必然结果。

另一方面，包容互鉴也在一定程度上为和平发展理念的践行奠定了价值基础。从立场上看，包容性包含了"万物并育而不相害，道并行而不相悖"的理念，因而跳出了"国强必霸"的陈旧逻辑；从方式上看，包容性倡导以文明交流超越文明隔阂、以文明互鉴超越文明冲突、以文明共存超越文明优越的交流途径，避免了文化差异造成的相互隔阂；从目标上看，包容性强调长远的人类文明发展视野，打破了零和博弈的思维框架。

中华文明包容性的实践遵循

习近平总书记指出："中国式现代化，深深植根于中华优秀传统文化，体现科学社会主义的先进本质，借鉴吸收一切人类优秀文明成果，代表人类文明进步的发展方向，展现了不同于西方现代化模式的新图景，是一种全新的人类文明形态。"[1]今天，我们比历史上任何时期都更接近、更有信心和能力实现中华民族伟大复兴的目标，"在新的起点上继续推动文化繁荣、建设文化强国、建设中华民族现代文明，是我们在新时代新的文化使命"。这要求我们从实际出发，立足于中国式现代化道路，坚持文化自信自强，继续在开放包容中探索实现中华民族现代文明的实践路径。

其一，强化凝聚力，始终坚持"两个结合"重要原则。"两个结合"充分彰显了实践基础上的中华文明的包容性特征与马克思主义的开放性特征。习近平总书记在文化传承发展座谈会上强调："'第二个结合'是又一次的思想解放，让我们能够在更广阔的文化空间中，充分运用中华优秀传统文化的宝贵资源，探索面向未来的理论和制度创

---

1 《正确理解和大力推进中国式现代化》，《人民日报》2023 年 2 月 8 日。

新。"[1]建设文化强国，中华民族现代文明，要以包容心态强化"两个结合"，因为马克思主义的指导地位始终是中国特色社会主义文化发展道路最为根本的制度特征。具体而言，要汲取中华优秀传统文化源泉，推动中华优秀传统文化创造性转化、创新性发展；要立足新时代，持续增强中华文化包容性、引领力、感召力、凝聚力，提升社会文明程度，加强社会主义意识形态建设，巩固意识形态阵地。

其二，融合创新力，满足新时代人民群众多样化的文化需求。文明成果由人民在劳动实践中所创造，因此中华民族现代文明的繁荣发展也应观照和满足人民群众的现实需要。党的十八大以来，我国文化事业不断发展，文化产业不断繁荣，保障了人民基本文化权益，提高了社会文明程度，提升了文化软实力。一方面，在中国式现代化任务要求下，如何保证好巨量人口的基本文化权益，同时提升优质文化产品和服务的供给能力，无疑是文化强国建设需要考虑的问题。另一方面，面对当下各类文化新形态，以及由前沿技术和新消费心理催生的文化新业态，我们在审慎面对的同时，也需给予其成长调适的时间和空间。一种新的文化形态从他律走向自律需要监管约束，更需要包容心态下的吐故纳新和本土化调适，唯有如此，才能在满足受众文化需求的同时实现文化创新创意生态的不断优化。

其三，提升传播力，在人类文明交流互鉴中促进文化繁荣。文明

---

1 《担负起新的文化使命　努力建设中华民族现代文明》，《人民日报》2023 年 6 月 3 日。

交流互鉴的价值归旨不仅在于促进自身文明的发展，更是要放眼世界未来，为全球治理发展贡献智慧经验。"中华文明五千多年发展史充分说明，无论是物种、技术，还是资源、人群，甚至于思想、文化，都是在不断传播、交流、互动中得以发展、得以进步的。"[1]因此，建设中华民族现代文明不仅要向内汲取养分，还要加强与世界文明的交流互鉴，不断吸收人类优秀文明成果。一方面，要以中华文明为主体依托，充分发挥人民群众的文化传播能动性。文明的交流互鉴，首先是人的交流互鉴，因此要以人民为中心，把人的发展要求作为检验文明交流互鉴成果的重要标准，充分立足碎片化、交互化语境下的传播特性，加强人民参与跨文化传播的积极性。另一方面，要以马克思主义为指导，以辩证态度对待各民族文明。当前，人民日益增长的美好生活需要和不平衡不充分的发展之间的矛盾成为社会主要矛盾，发展失衡、治理不充分、数字鸿沟加大和分配差距日益扩大等问题依然突出。因此，我们要积极借鉴西方文明在经济建设和信息产业化等方面的有益成果和先进经验，推动建设中华民族现代文明。

中华文明自古就以开放包容闻名于世，在同其他文明的交流互鉴中不断焕发新的生命力。英国哲学家和思想家波特兰·罗素在 1922 年出版的《中国问题》一书中提到："不同文明的接触，以往常常成为人类进步的里程碑。希腊学习埃及，罗马学习希腊，阿拉伯学习罗马，

1　习近平：《把中国文明历史研究引向深入 增强历史自觉坚定文化自信》，《求是》2022 年第 14 期。

中世纪的欧洲学习阿拉伯，文艺复兴时期的欧洲学习东罗马帝国。学生胜于老师的先例有不少。"[1]包容性既是中华文明的突出特征，也是中华文明赓续绵延的精神内核和广阔气度。在坚定文化自信、建设文化强国、建设中华民族现代文明的新征程上，海纳百川、兼收并蓄、互鉴互利，我们坚持的不仅是开放包容的热情姿态和广博胸怀，更是构建人类命运共同体、创建人类文明新形态、推动人类文明多元繁荣的坚定信念。

---

1 ［英］罗素：《中国问题》，秦悦译，学林出版社 1996 年版，第 146 页。

中华文明的和平性：价值、实践与启示

———

向勇 *

---

* 北京大学艺术学院教授、博士生导师，北京大学文化产业研究院院长。

和平发展是中华民族伟大复兴的心之所系、是中国式现代化建设的路之所向。中国绵延数千年的和平文化基因，成为建设中华民族现代文明重要的精神标识和文化精髓。

2023 年 6 月 2 日，习近平总书记在文化传承发展座谈会上强调："中华文明具有突出的和平性，从根本上决定了中国始终是世界和平的建设者、全球发展的贡献者、国际秩序的维护者，决定了中国不断追求文明交流互鉴而不搞文化霸权，决定了中国不会把自己的价值观念与政治体制强加于人，决定了中国坚持合作、不搞对抗，决不搞'党同伐异'的小圈子。"[1] 中华文明突出的和平性，对推动世界和平理念的凝聚和实践具有重大意义。

中华文明的和平性，是中华民族和谐哲学的根本体现，是一种看待自我与他者、本国与外国之间关系的思想观念和价值理想

中华文明突出的和平性是中华民族和谐哲学的根本体现。"和"在中国文化中是一个意涵深刻的汉字，表达了中国人在身体状态、音乐节奏、精气神色、社会建构、精神信仰等不同层次的理想状态和价值追求，蕴涵着绵延数千年的中国人所独有的"天人合一的自然观、和而不同的社会观、协和万邦的外交观以及人心和善的伦理观"。中华文明的和平性源于中国人感性的人伦秩序观与族群结构论。中国人自

---

1 《担负起新的文化使命　努力建设中华民族现代文明》，《人民日报》2023 年 6 月 3 日。

古以来就具有天下情怀和大同理想。在中国的传统社会结构里，存在一个"家—国—天下"的秩序体系。中国人以自我为体认，从自我的生命情感出发，自觉而自然地延伸至家、国和天下的秩序框架。当代著名社会学家、民族学家费孝通认为，从内部社会来看，中华民族具有多元一体格局的民族形态；从外部世界来看，人类社会的发展是以美好社会建设为目标的。他认为，中国传统社会的人际关系具有差序结构的特质，社会关系是一个一个人推出去的，"好像把一块石头丢在水面上所发生的一圈一圈推出去的水波"，而西方现代社会中人与人的关系是一种团体格局，就像"一捆一捆扎清楚的柴"，每个人与这个团体的关系是相同的，团体结构中的最小单元是家庭、最大单元是国家。[1]

中华文明的和平性突出反映了中国人的辩证思维。北宋理学家张载以"太和"描述中国人的认知思维。他指出："有象斯有对，对必反其为；有反斯有仇，仇必和而解。"[2]对此，当代著名哲学家冯友兰认为，一个社会的正常状态就是"和"，宇宙的正常状态也是"和"，这个"和"，称为"太和"。在中国古典哲学中，"和"与"同"不一样。"同"不能容"异"；"和"不但能容"异"，而且必须有"异"，才能称其为"和"，正所谓"和而不同"。[3]当代哲学家张岱年很早就提出

1　参见费孝通：《乡土中国》，天津人民出版社 2022 年版。
2　［宋］张载：《张载集》，中华书局 1978 年版，第 10 页。
3　参见冯友兰：《三松堂全集》第 13 卷，河南人民出版社 2001 年版。

了"生理合一、与群为一、义命合一、动的天人合一"的和谐观，并对"仇必和而解"进行了深入阐释。他指出，对待不唯相冲突，更常有与冲突相对待之现象，是谓和谐。和谐非同一，相和谐者不必相类；和谐亦非统一，相和谐者虽相联结而为一体，然和谐乃指一体外之另一种关系。和谐包括四方面：一相异，即非绝对同一；二不相毁灭，即不相否定；三相成而相济，即相互维持；四相互之间有一种均衡。[1]"仇必和而解"消除了国际政治理念中的对立思维，是推动构建人类命运共同体的必由之路。

中华文明突出的和平性展现了一种看待自我与他者、本国与外国之间关系的思想观念和价值理想。中国人秉持天人合一的思维，个体在东方式差序格局中的联系实现了人与人之间的共融共处。"物之不齐，物之情也"，中国人尊重人与人之间的差异性；"己所不欲，勿施于人。""己欲立而立人，己欲达而达人。"中国人具有"推己及人"的思维观念和"以和为贵"的交往伦理，这是儒家忠恕之道的"仁"本思想对人与人之间交往原则的根本约定。在孔子看来，人类世界的社会生活具有丰富的多样性，这种多样性仅仅要求最低限度的兼容性，而不是最高限度的统一性。《中庸》载："辟如天地之无不持载，无不覆帱……万物并肩而不相害，道并行而不相悖。"因此，人类共存的国际秩序要兼容不同族群各种各样的生活方式，从而实现"尚和合，求

1　张岱年：《试谈"横渠四句"》，《中国文化研究》1997 年第 1 期。

大同"的理想世界。

中华文明突出的和平性是对西方中心主义国际秩序观的超越。西方的国际秩序观建立在一种"主客二分"的哲学观念和"非此即彼"的对立思维方式的基础之上，认为人与人的关系是一种"非友即敌"的关系，世界各国之间的交往必然处于一种霍布斯式的"丛林法则"的冲突状态。因此，合作与冲突、和平与战争是国际秩序中国与国之间非此即彼的交往状态。西方人的国际秩序观是以自我为中心，建立起一套"个体—共同体—民族国家"的国际政治系统。中国人的天下秩序观起源于荀子所谓的"群体合作"，是民胞物与的天下大同。"大道之行，天下为公。"大同的天下世界是一种安全、和平、互信、互助的应然世界，是康有为所展望的"无有阶级，一切平等"的理想世界。

中华文明突出的和平性体现了中国人以"天下体系"描述自身与外部世界的秩序想象。中国人秉持"家国一体"和"天下一家"的国际秩序观，"也就在逻辑上排除了不可化解的死敌、绝对异己或者精神敌人的概念，就是排除了异教徒概念"。中国社会科学院哲学研究所研究员赵汀阳进一步解释道："从天下去理解世界，就是意味着以整个世界作为思考单位去分析问题，以便能够设想与全球化的现实相配的政治秩序。"赵汀阳认为，个人成为西方国际政治秩序结构的最终解释，天下成为东方国际政治秩序结构的最终解释，"个人—共同体—民族国家"的政治系统与"天下—国—家"的政治系统之间形成一种齿轮式的错位契合而形成结果上的互补性。中华文明的和平性是中国人"文化自觉"的根本体现。费孝通在探索全球化与不同文明间的关系时提出了"文化认同"的重要概念。他认为，"文化自觉"是人们对其赖以生存的传统文化有"自知之明"，意味着不同文化的自我认识、互相理解、互相宽容、多元共生，最终达到"天下大同"。

新中国成立以来，党和国家领导集体运用中华文明的和平性进行和平外交实践探索

中华文明的和平性是中国外交思想的核心价值，是中国共产党人自觉传承和创新发展中华文明的文化基因。中国的发展要从国家兴亡的历史视野和国际政治的现实视野加以审视，这是一种内部视角与外部视角相整合的立体审视。新中国成立以来，党和国家领导集体根据国内国际形势的时代变化，审时度势，因势利导，推动我国外交关系的顶层认知从矛盾对立性转向矛盾统一性，始终奉行独立自主的和平外交政策，不断调整和平外交手段的现实策略与实施路径，形成了不同时代、特色鲜明的外交思想和外交手段，进行和平发展与和平强国等和平外交实践探索。

以毛泽东同志为主要代表的中国共产党人提出和践行和平共处的外交原则，这是和平治国理念在处理国际关系问题上的战略延伸。1954年10月，毛泽东在同印度总理尼赫鲁会谈时说："中国古代的圣

人之一孟子曾经说过：'夫物之不齐，物之情也。'这就是说，事物的多样性是世界的实况。"[1] 他充分尊重国与国之间的差异，认为国与国之间在保有差异的同时应互相尊重。1955 年 4 月，周恩来在印度尼西亚万隆参加亚非二十九国首脑会议，主张"求同存异"，代表中国提出"互相尊重主权和领土完整、互不侵犯、互不干涉内政、平等互利、和平共处"五项原则。自此，和平共处五项原则成为新中国处理与世界各国关系的基本准则，之后逐渐被世界上绝大多数国家接受，成为规范国际关系的重要准则。

以邓小平同志为主要代表的中国共产党人作出"和平与发展是当今世界的两大主题"的国际形势判断，坚持和平共处五项原则，争取一切有利的外部条件支持中国的改革与发展，坚持"韬光养晦"和"有所作为"，高度警惕西方国家的"和平演变"，反对超级大国的霸权主义，树立起中国是维护世界和平的主要力量的国家形象。邓小平同志从战略全局把握国际国内形势，认为"中国对外政策的目标是争取世界和平。在争取和平的前提下，一心一意搞现代化建设，发展自己的国家，建设具有中国特色的社会主义"[2]，"争取比较长期的和平是可能的，战争是可以避免的"[3]，"社会主义中国应该用实践向世界表明，

---

1 中共中央文献研究室编撰：《毛泽东年谱（1949—1976）》第 2 卷，中央文献出版社 2013 年版，第 305 页。
2 《邓小平文选》第 3 卷，人民出版社 1993 年版，第 57 页。
3 《邓小平文选》第 3 卷，人民出版社 1993 年版，第 233 页。

中国反对霸权主义、强权政治，永不称霸。中国是维护世界和平的坚定力量"[1]。改革开放以来，中国正因为抓住并顺应了和平与发展这一世界大义，在争取和平的国际环境、加快发展自身建设方面，走在了世界的前沿，从而使中国的综合国力迈上了一个大台阶。

以江泽民同志为主要代表的中国共产党人深刻论述世界多极化和经济全球化历史趋势，作出我国发展处于重要战略机遇期的科学判断，为国内的改革与发展积极争取和平的国际环境，凸显了独立自主的外交精神、求同存异的务实作风与和平发展的行动策略。江泽民同志指出："一个稳定繁荣的中国，是维护世界和平和亚太地区稳定的坚定力量。"[2]"维护世界和平、促进共同发展的正确途径是：顺应时代潮流和各国人民的意愿，因势利导，积极推动建立公正合理的国际政治经济新秩序。"[3]江泽民同志认为，要坚决摒弃冷战思维，尊重世界的多样性，我们所处的是一个丰富多彩的世界，要全世界都接受一个统一的模式是不可能的。各国的国情、历史传统和文化背景等都不同，相互间可以进行交流，但照搬是不行的，总得找到一条符合自己国情的发展道路。

以胡锦涛同志为主要代表的中国共产党人着眼于国际秩序的变化趋势，从中国传统文化的和谐思想中汲取治国智慧，提出努力建设持

---

1 《邓小平文选》第 3 卷，人民出版社 1993 年版，第 383 页。
2 《江泽民文选》第 1 卷，人民出版社 2006 年版，第 417 页。
3 《江泽民文选》第 3 卷，人民出版社 2006 年版，第 473 页。

久和平、共同繁荣的和谐世界。"实现既通过维护世界和平发展自己、又通过自身发展维护世界和平的和平发展。"[1]2005年国务院新闻办公室发表《中国的和平发展道路》白皮书，强调和平发展是中国现代化建设的必由之路；以自身的发展促进世界的和平与发展；依靠自身力量和改革创新实现发展；实现与各国的互利共赢和共同发展；建设持久和平与共同繁荣的和谐世界。党的十七大报告指出："共同分享发展机遇，共同应对各种挑战，推进人类和平与发展的崇高事业，事关各国人民的根本利益，也是各国人民的共同心愿。我们主张，各国人民携手努力，推动建设持久和平、共同繁荣的和谐世界。"[2]

中国式现代化是走和平发展道路的现代化。党的十八大以来，以习近平同志为主要代表的中国共产党人提出弘扬和平、发展、公平、正义、民主、自由的全人类共同价值，共同建设持久和平、普遍安全、共同繁荣、开放包容、清洁美丽的世界，弘扬文明互鉴与交流对话，践行全球发展倡议、全球安全倡议和全球文明倡议，形成了富有中国特色、体现时代价值、引领人类进步的习近平外交思想。这是以中国式现代化推动中华民族伟大复兴的外交理念，也是中国参与全球治理、促成人类利益共同体、价值共同体和命运共同体构建的具体策略。党的二十大报告指出："我们党立志于中华民族千秋伟业，致力于

---

[1] 《胡锦涛文选》第2卷，人民出版社2016年版，第624页。
[2] 《胡锦涛文选》第2卷，人民出版社2016年版，第649—650页。

人类和平与发展崇高事业。"[1] "中国共产党和中国人民为解决人类面临的共同问题提供更多更好的中国智慧、中国方案、中国力量，为人类和平与发展崇高事业作出新的更大的贡献。"[2]进入新时代以来，中国扮演世界和平的主导力量，促进中国与世界大国双边和多边关系的协调和良性互动，积极推动构建和平共处、总体稳定、均衡发展的新型大国关系和全球发展格局。

建设中华民族现代文明，是推动马克思主义基本原理同中华优秀传统文化相结合、推进中国式现代化建设、构建人类文明新形态的重要号召和思想擘画。传承和弘扬中华文明的和平性，是对中华优秀传统文化中和平文化的创造性转化和创新性发展，是深入学习阐释习近平外交思想的重要举措，是对创造国际秩序新文明深刻的时代洞察和历史回应。中华文明的和平性特性为新时代中国外交战略的制定提供了精神指引，充分展现了中国人生生不息的和平智慧与面向未来的和平理想。传承和弘扬中华文明的和平性特性，既给中华优秀传统文化注入了全新的时代内涵，又让新时代中国外交理念闪耀着中华文明的智慧光芒。

---

1 习近平：《高举中国特色社会主义伟大旗帜　为全面建设社会主义现代化国家而团结奋斗——在中国共产党第二十次全国代表大会上的报告》，人民出版社 2022 年版，第 1 页。
2 习近平：《高举中国特色社会主义伟大旗帜　为全面建设社会主义现代化国家而团结奋斗——在中国共产党第二十次全国代表大会上的报告》，人民出版社 2022 年版，第 16 页。

中华文明的和平性理念具有超越时间的时代价值和超越空间的世界意义

"和平、和睦、和谐、和合"是中华民族贡献给全世界的文化智慧。共同维护世界和平与安全是中国式现代化的本质要求，也是推动人类社会发展的共同关切。中华文明的和平性思维既是中国人独特的价值观念，也是全人类普遍依循的价值逻辑，具有超越时间的时代价值和超越空间的世界意义，是维护世界和平与发展的力量源泉。

200多年前，德国哲学家康德从人的道德世界的"普遍赞同"和"心灵共识"的哲学思考出发，提出："建立一个普遍和持久的和平，不只是纯粹理性范围内法权理论的一部分，而且是理性的整个最高目标。"[1]他的《永久和平论》一文推演了人类实现永久和平的理想路径和道德义务。然而，人类历史演进中出现的无数次残酷的战争和屠杀，让康德的"永久和平"成为虚无缥缈的修辞神话和理想主义的抽象实验。

在西方看来，和平的对立状态就是战争和冲突、杀戮和暴力。西方文明的和平主义是一种基于国际地缘政治的进攻性现实主义的构建策略，包括消极和平理念与积极和平理念。"经过现代战争的洗礼，20世纪20年代的大部分美国和平组织开始追求一种'积极和平'的理念，旨在通过构建国际和平机制以及进行国内制度改革来消除国家间冲突的根源，避免第一次世界大战那种悲剧再次上演。""然而，到

1　参见 [德] 康德：《历史理性批判文集》，何兆武译，商务印书馆1990年版。

20 世纪 30 年代中期，随着国内外形势的变化，美国和平团体的理念和行动路线都发生了显著的变化。他们逐渐放弃了通过国际合作维护战后和平体系的国际主义取向，转而寻求在美国社会内部铲除战争根源、在国际危机中保持严格中立的和平主义取向，也就是说，退而追求比较'消极'的和平理念。对于这种转变，学术界通常认为这是大危机、国际安全局势的恶化以及国内孤立主义思潮影响的结果。"[1] 而中华文明的和平性展现了一种高级状态的、积极主义的和平精神，是在人的身心之间、人与人之间、人与社会之间、人与自然之间广泛存在的生活方式、行为模式和价值信念的基础之上，建构起本国与其他国家和地区之间的一种和谐的世界政治秩序状态。中华文明的和平性不仅可以为国际关系的基本原则提供借鉴，而且可以为国际伦理、国际道德的构建贡献智慧，是对人类和平文化与和平精神的重大完善。

和平是全人类的共同价值，也是人类社会发展进步的前提和保障。2015 年 9 月，习近平主席在出席第 70 届联合国大会一般性辩论时发表重要讲话提出："和平、发展、公平、正义、民主、自由，是全人类的共同价值，也是联合国的崇高目标。""我们要继承和弘扬联合国宪章的宗旨和原则，构建以合作共赢为核心的新型国际关系，打造人类命运共同体。"[2] 以和平为内容的人类共同价值构成人类命运共同体

---

1 王睿恒：《从积极和平到消极和平——满洲危机与美国和平运动的转折 (1931—1933)》，《史学集刊》2011 年第 5 期。
2 《习近平谈治国理政》第 2 卷，外文出版社 2017 年版，第 522 页。

的构建目标。国际政治学者赵宝煦指出，"多元化是各国政治发展中的一个无法否认的趋势。但它并不是坏事。两千多年前，孔子就曾提出'和而不同'的命题，并认为它是一种最美好的境界""由于……传统思想的时代熏陶，由于对民族屈辱和战乱的痛苦教训，使得中国人民培育出'和为贵'的处世智慧，并且长期不懈的追求和平"。[1] 和平是实现全人类其他共同价值的前提条件，表明了中国坚定捍卫世界和平发展的智慧、决心和勇气。

和平性是中华文明的突出特性，构筑了人类命运共同体的精神基石和价值精髓。进入 21 世纪以来，尤其是新时代以来，中国经济迅速发展，综合国力极大提高，重塑了国际政治经济秩序和全球格局。"构建人类命运共同体"是习近平总书记深刻洞察"世界之变"，科学回答"世界之问"，为解决和平赤字、安全赤字、信任赤字、治理赤字全球问题而提出的中国方案。习近平总书记提出的人类命运共同体倡议体现了鲜明的中华文化的和平性意蕴，展现了中国承担大国责任的国际担当。"构建人类命运共同体是世界各国人民前途所在。万物并育而不相害，道并行而不相悖。只有各国行天下之大道，和睦相处、合作共赢，繁荣才能持久，安全才有保障。"[2]

这是一个充满挑战的国际秩序重塑的新全球化时代，也是一个充

1 赵宝煦：《政治发展　道路不同：〈政治发展导论〉序言》，《国际政治研究》2003 年第 2 期。
2 《习近平著作选读》第 1 卷，人民出版社 2023 年版，第 51 页。

满中华民族伟大复兴希望的新时代。作为一种全球价值观，和平是中国致力于弘扬的全人类共同价值。人类命运的未来发展是我们每一个人最大最深的关切，也是中华民族伟大复兴最大的人类担当。我们应该传承和发展中华文明突出的和平性，弘扬中华文化中的"和"文化，倡导中华民族的和平精神，推动中华民族现代文明的理论创新和实践探索，致力于构建人类命运共同体、践行全球发展倡议、全球安全倡议和全球文明倡议，建设新的现代人类秩序文明。

论中华优秀传统文化之"优"

———

叶小文 *

———

习近平总书记指出："中国文化源远流长，中华文明博大精深。只有全面深入了解中华文明的历史，才能更有效地推动中华优秀传统文化创造性转化、创新性发展，更有力地推进中国特色社会主义文化建设，建设中华民族现代文明。"[1]从历史长河来看，中华优秀传统文化的积淀、形成、磨炼和传承是一个不断创造和创新的过程，其内涵随着时代的发展而发展。今天，我们推动中华优秀传统文化创造性转化和创新性发展，要因应时代的发展变化、随着中华民族伟大复兴的进程而与时俱进、与时俱丰。这就需要从当代的视角去审视中华优秀传统文化究竟"优"在何处。

　　中华优秀传统文化中蕴含的天下为公、民为邦本、为政以德、革故鼎新、任人唯贤、天人合一、自强不息、厚德载物、讲信修睦、亲仁善邻等，是中国人民在长期生产生活中积累的宇宙观、天下观、社会观、道德观的重要体现。对内涵极为丰富的中华传统文化，如何去粗取精、去伪存真、由此及彼、由表及里，挖掘其"优"，展示其"秀"？可立足于三条主要脉络："以人为本"的文化底色、"以和为贵"的天下大道、"以心为要"的常青之路。

"以人为本"的文化底色

　　谈到文化的核心价值观，我们都要回答一个文化底蕴的问题，即

<hr />

1 《担负起新的文化使命　努力建设中华民族现代文明》，《人民日报》2023 年 6 月 3 日。

以什么为"本"？答案无非三选其一，以人为本，以神为本，抑或以物为本。中华优秀传统文化的文化底色和文化底蕴就是一以贯之地贯彻以人为本。其要点有三个："仁"者"人"也，人是一切问题的出发点和归宿，天人合一，仁者爱人；"仁"者"德"也，"仁德，礼也"，围绕"礼"的立与用及其仁德教化，而非围绕神的崇敬和说教，这是支撑世代中国人基本信仰的基础；"德"者"得"也，从孝慈、孝悌到孝忠的"修齐治平"，从"以人为本"到"以民为本"的践履实践，扩展为"仁民""仁政"的一套以人本主义为核心的纲常伦理秩序和国家社会制度。这三个方面归结起来，就是讲仁爱、重民本、守诚信、崇正义、尚和合、求大同。这种"见素抱朴"的人文主义的文化底色和文化底蕴，是一以贯之、一脉相承的，是不断生发、生生不息的，是与时俱进、与时俱丰的。

习近平总书记指出："中华文明具有突出的连续性，从根本上决定了中华民族必然走自己的路。"[1]为什么历史上与中华文化若后若先之古代文化，或已转易，或失其独立自主之民族生命，唯中国能以其自创之文化绵其独立之民族生命，至于今日岿然独存，又行将伟大复兴？这是因为其文化底色永不褪色，文化底蕴厚实厚植，可以"春风吹又生"，总能重建丰厚的精神家园，维系强大的精神支撑。中华文化之外的文化当然各有所长，应该各美其美，但其多是"以神为本"，尤

---

[1] 《担负起新的文化使命　努力建设中华民族现代文明》，《人民日报》2023年6月3日。

以人数众多的基督教文化、伊斯兰教文化为是。而中华文化始终坚持"以人为本"。

可以说，今天全球的现代化进程是以数百年前的一次深刻文明转型——文艺复兴运动为基础的，而文艺复兴运动的旨归是"以人为本"，把人从神的束缚中解放出来、把生产力从封建社会的束缚中解放出来。但不幸的是，随着资本主义的膨胀，又走到了另一头，变成了"以资（本）为本"，把人类带向"以物为本"的错误道路。文艺复兴运动虽然极大地解放了"人"，但也出现了一些问题：文艺复兴运动使"人"从神的束缚中解放出来，但也出现了人被物化、异化的现象。

正在现代化进程中不断迈进的人们，必然会发现和重视中华优秀传统文化的价值底蕴。正如英国著名历史学家汤因比说过的："避免人类自杀之路，在这点上现在各民族中具有最充分准备的，是 2000 年来培育了独特思维方法的中华民族。"[1] 回到"以神为本""以物为本"没有出路，只能探索"以人为本"的新路。当前，人类文明的交汇已走到量变到质变的临界点，人类危机呼唤人本主义在否定之否定意义上的继承和发扬。新时代对人本主义的呼唤，不仅需要对传统人本精神的继承与吸收，发扬其积极成果，还要革故鼎新。西方近代人本主义多强调作为个体的自由与权利，尊重人的本能欲望，虽然催生了迅猛

---

1 ［英］汤因比:《历史研究》，曹末风等译，上海人民出版社 2000 年版，第 168 页。

发展的经济，但也造就了大为膨胀的个人。面对第一次文艺复兴遗留下来的膨胀了的个人，新的文明复兴要建造和谐的人，构建人类命运共同体。这既要求巩固第一次文艺复兴人本主义的积极成果，又要求对其过分的运用有所克制。

胡适先生早在20世纪30年代就预见："缓慢地、平静地然而明白无误地，中国的文艺复兴正在变成一种现实。这一复兴的结晶看起来似乎使人觉得带着西方色彩。但剥开它的表层，你就可以看出，构成这个结晶的材料，在本质上正是那个因为接触新世界的科学、民主、文明而复活起来的人文主义与理智主义的中国。"[1]5000多年的中华文明积淀着厚重的人文主义理念和深厚的中华传统文化资源。中华文明虽是工业文明的迟到者，但始终保持着"天人合一"的智慧和本色。当代中国大力贯彻"以人为本"，顺应时代、借鉴创新、改革开放，在中国特色社会主义理论话语体系中，在人口众多的发展中国家的实践中，广泛、深刻地凸显了"新人文主义"。我们可以清楚地看到，世界历史的发展方向与中国历史的发展方向已经交汇在一起。保障人类可持续生存和发展，需要中国发挥作用。实现中华民族伟大复兴的历史进程，肩负着推进一场新的文明复兴的时代使命。

以色列历史学家、作家尤瓦尔·赫拉利认为："人文主义长期崇拜人类的生命、情感及欲望，于是人文主义文明希望让人有最长的生命、

1　胡适：《中国的文艺复兴》，外语教学与研究出版社2001年版，第151页。

最大的幸福、最强的力量，也就不足为奇。""为了实现这种人文主义梦想，将会出现新的后人文主义（post-humanist）。科技，从根本上颠覆人文主义。""未来，人类将面临着三大问题：生物本身就是算法，生命是不断处理数据的过程；意识与智能的分离；拥有大数据积累的外部环境将比我们自己更了解自己。如何看待这三大问题，以及如何采取应对措施，将直接影响着人类未来的发展。"[1]但不管怎么说，正因为未来眼花缭乱，立足于我们的底色才更加弥足珍贵。

"以和为贵"的天下大道

习近平总书记指出："中华文明具有突出的和平性，从根本上决定了中国始终是世界和平的建设者、全球发展的贡献者、国际秩序的维护者，决定了中国不断追求文明交流互鉴而不搞文化霸权，决定了中国不会把自己的价值观念与政治体制强加于人，决定了中国坚持合作、不搞对抗，决不搞'党同伐异'的小圈子。"[2]"和"是中国历史文化的特征向量，是古代先哲的生命信仰和思维基础。英国哲学家罗素在《中国问题》一书中写道："中国至高无上的伦理品质中的一些东西，现代世界极为需要。这些品质中我认为和气是第一位的。"[3]这种品

---

1 参见 [以色列] 尤瓦尔·诺亚·赫拉利:《未来简史：从智人到智神》，林俊宏译，中信出版集团 2015年版。
2 《担负起新的文化使命　努力建设中华民族现代文明》，《人民日报》2023 年 6 月 3 日。
3 ［英］罗素:《中国问题》，秦悦译，学林出版社 1996 年版，第 154 页。

质"若能够被全世界采纳，地球上肯定会比现在有更多的欢乐祥和"[1]。

中华传统文化中的儒释道三家，以一个"和"字相通。道教认为，道的属性是"和"。"万物负阴而抱阳，冲气以为和"，当利益冲突、矛盾纠纷时，不妨彼此体谅、委曲求全，就能开阔胸襟，以德报怨。佛教提出"理事圆融，事事无碍"，身和同住、口和无诤、意和同悦、戒和同修、见和同解、利和同均。儒家认为"君子和而不同，小人同而不和""君子周而不比，小人比而不周"。以"和而不同"为主线，儒学追求的"和"是以"和"对"多"集散成大，是以"和"制"合"平衡互补，是和而不同、美美与共。

中华文明历来崇尚"以和为贵"。"和"的精神，是一种承认、一种尊重、一种感恩、一种圆融。"和"的特质，是和而不同、互相包容、求同存异、共生共长。"和"的途径，是以对话求理解，和睦相处；以共识求团结，和衷共济；以包容求和谐，和谐发展。"和"的方式，是一分为二基础上的合二为一，和而不同基础上的求同存异，良性竞争基础上的奋进创新，我为人人基础上的人人为我。"和"的哲学，是"会通"，既有包容，更有择优；既有融合，更有贯通；既有继承，更有创新，是一以贯之、食而化之、从善如流、美而趋之。"和"的佳境，是各美其美，美人之美，美美与共，天下大同。"五色交辉，相得益彰；八音合奏，终和且平"，和而不同乃万物之道。

---

1 ［英］罗素：《中国问题》，秦悦译，学林出版社 1996 年版，第 3 页。

和而不同，基于事物的差异性和多样性，是造就整体性和共同性、产生新东西的力量。"人心惟危，道心惟微。惟精惟一，允执厥中。"将不同的东西加以调和并使之平衡，才能致"和"而"共同"。"共同"与"同"的内涵有所区别，"共同"是多因素的"和"的化合，而"同"只是单一事物的叠加。只有和而不同，才能万物并育、大道并行。

"以心为要"的常青之路

　　习近平总书记指出："中华文明具有突出的包容性，从根本上决定了中华民族交往交流交融的历史取向，决定了中国各宗教信仰多元并存的和谐格局，决定了中华文化对世界文明兼收并蓄的开放胸怀。"[1]在中华传统文化的儒释道三家中，"释"即佛教文化，是由外传入并经中国化而与"儒""道"两家相辅相成、相通相融的。佛教强调"明心见性"，"应以善法，扶助自心；应以妙法，沉静自心；应以精进，坚固自心；应以忍辱，卑下自心；应以禅定，清净自心；应以智慧，明利自心；应以平等，广博自心；应以无所畏，明照自心"。这一"以心为要"之说，为中华优秀传统文化所充分吸纳。佛教起源于印度，西汉末年传入我国中原地区，至宋以降，被彻底中国化即儒学化。佛教各宗派走向融通，佛、儒、道之间日益相互调和，形成了宋明理学。

---

1 《担负起新的文化使命　努力建设中华民族现代文明》，《人民日报》2023年6月3日。

儒学作为主流，吸收了佛教的心性学说、理事理论。尤其是明代著名思想家王阳明的心学思想，成为儒学发展史上的重要转折点。阳明心学是坚韧内心定力之学，有利于滋养民族心灵，塑造、增长和构建人生乃至民族之大气象、大智慧和大境界。

阳明心学的核心观点之一是"心即理"。"身之主宰便是心。""心外无物"是要突出"以心为要"，并不是主观唯心主义，若不用"心"去认知和感受"物"，那"物"便和你"同归于寂"（并不是不存在，只是物的价值和意义没有体现出来）。马克思曾说过，"只有音乐才激起人的音乐感；对于没有音乐感的耳朵来说，最美的音乐也毫无意义"，同时，"只是由于人的本质客观地展开的丰富性，主体的、人的感性的丰富性，如有音乐感的耳朵、能感受形式美的眼睛，总之，那些能成为人的享受的感觉，即确证自己是人的本质力量的感觉，才一部分发展起来，一部分产生出来"。[1] 可以说，阳明学说的最大本质就是揭示人的一种价值存在，获得这种价值存在后，人生就具有了价值支撑。阳明心学就是"炼心"的学问。王阳明要传达一条真理：内心的强大才是真正的强大。在个人层面上，让每个人找到内心的光明，打破生命的桎梏，确定人生的格局，获得行动的智慧。在族群层面上，让大家反思历史，追慕先贤，从善如流，固守良知，获得中华民族不断前进的力量。

1　[德]马克思：《1844年经济学哲学手稿》，人民出版社2018年版，第236—237页。

阳明心学的核心观点之二是"知行合一"。"知是行的主意，行是知的功夫。知是行之始，行是知之成。"知与行互相联系、互相包含、本来一体。王阳明说，"若是知行本体，即是良知良能"，要以"良知良能"克服"心魔"，"知之真切笃实处即是行，行之明觉精察处即是知"。近代历史学家钱穆曾把王阳明的《传习录》归为"中国人所必读的书"之一，他说："阳明讲学，偏重实行，事上磨练，是其着精神处。"孙中山先生指出："日本的旧文明皆由中国传入，五十年前维新诸豪杰，沉醉于中国哲学大家王阳明的'知行合一'说。"党的十八大以来，习近平总书记多次谈到"知行合一"，要求党员干部既要加强理论学习，走在前列；又要结合实践，干在实处。习近平总书记指出："武装头脑、指导实践、推动工作，落脚点在指导实践、推动工作；学懂弄通做实，落脚点在做实。要牢记空谈误国、实干兴邦的道理，坚持知行合一、真抓实干，做实干家。"[1]

阳明心学的核心观点之三是"致良知"。"夫心之本体，即天理也。天理之昭明灵觉，所谓良知也。""良知"是贯通天人、贯通体用的概念。"致良知"，如何"致"？"人人心中都有孔仲尼"，"天地虽大，但有一念向善，心存良知，虽凡夫俗子，皆可为圣贤"。最高的自由，是人自身道德选择的自由。此"良知"之说，实乃王阳明长年累月积

---

1 《习近平关于"不忘初心、牢记使命"论述摘编》，党建读物出版社、中央文献出版社 2019 年版，第 244 页。

累、历经千辛万苦后的大彻大悟。王阳明说："某与此良知说，从百死千难中得来，不得已与人一口说尽，只恐学着得知容易，把做一种光景玩弄，不实落用处，负此之尔。"所谓"实落用处"，就是"事上练"，这显然并不是唯心主义的主张。

"心即理"，讲心之定力；"事上练"，讲心增定力；"致良知"，讲心聚定力。纵观阳明心学，皆是确立、凝聚、强大、坚韧内心之定力。王阳明讲了一辈子心学，千言万语，临终汇集一言："此心光明，亦复何言。"从哲学上讲，其是解决思维主体和存在客体的同一性和差异性的基本问题；从实用上讲，其是指向一个人、一个民族、一个政党、一个国家的长青之路。

总之，中华优秀传统文化之"以人为本"的文化底色、"以和为贵"的天下大道、"以心为要"的常青之路，来自儒释道三家的相融相通。儒、释、道可谓中华传统文化的三根支柱。儒学以"礼"和"仁"为核心，重点解决人和社会的关系问题。道学以"道"和"德"为核心，重点解决人与自然的关系问题。佛学以"心性"为核心，重点解决人的主观能动性问题。于是，便有了"儒以治国，佛以治心，道以治身"之说。以三根支柱为基础，孕育化生出"两幢文化大厦"：一为"和"字号大厦，一为"心"字号大厦。"和"字号大厦管着"天下大道"，"心"字号大厦指明"长青之路"。三根支柱已属过去，其孕育化生的"两幢文化大厦"却向着未来。三根支柱中难免含有当"推陈"之糟粕，"两幢文化大厦"中则孕育可"出新"之精华。中华优秀传统文化创造性转化和创新性发展，正是由此取其精华、去其糟粕，古为今用、推陈出新。

人文化成：中华文明之魂

姜义华 *

---

* 复旦大学文科荣誉教授。

2022 年 5 月 27 日，习近平总书记在十九届中央政治局第三十九次集体学习时的讲话中指出："要把中华文明起源研究同中华文明特质和形态等重大问题研究紧密结合起来，深入研究阐释中华文明起源所昭示的中华民族共同体发展路向和中华民族多元一体演进格局，研究阐释中华文明讲仁爱、重民本、守诚信、崇正义、尚和合、求大同的精神特质和发展形态，阐明中国道路的深厚文化底蕴。"[1]

2022 年 10 月 16 日，习近平总书记在党的二十大报告中指出："中华优秀传统文化源远流长、博大精深，是中华文明的智慧结晶，其中蕴含的天下为公、民为邦本、为政以德、革故鼎新、任人唯贤、天人合一、自强不息、厚德载物、讲信修睦、亲仁善邻等，是中国人民在长期生产生活中积累的宇宙观、天下观、社会观、道德观的重要体现，同科学社会主义价值观主张具有高度契合性。我们必须坚定历史自信、文化自信，坚持古为今用、推陈出新，把马克思主义思想精髓同中华优秀传统文化精华贯通起来、同人民群众日用而不觉的共同价值观念融通起来，不断赋予科学理论鲜明的中国特色，不断夯实马克思主义中国化时代化的历史基础和群众基础，让马克思主义在中国牢牢扎根。"[2]

2022 年 11 月 17 日，习近平主席在亚太经合组织工商领导人峰会

---

1 《把中国文明历史研究引向深入　推动增强历史自觉坚定文化自信》，《人民日报》2022 年 5 月 29 日。
2 习近平：《高举中国特色社会主义伟大旗帜　为全面建设社会主义现代化国家而团结奋斗——在中国共产党第二十次全国代表大会上的报告》，人民出版社 2022 年版，第 18 页。

上的书面演讲中指出："当高楼大厦在中国大地上遍地林立时，中华民族精神的大厦也应该巍然耸立。我们将不断提高人民物质生活和精神生活水平，做到家家仓廪实衣食足，又让人人知礼节明荣辱。"[1]

习近平总书记所说的"讲仁爱、重民本、守诚信、崇正义、尚和合、求大同"，"天下为公、民为邦本、为政以德、革故鼎新、任人唯贤、天人合一、自强不息、厚德载物、讲信修睦、亲仁善邻"，以及"仓廪实衣食足，知礼节明荣辱"，不约而同地都指向中国几千年来一以贯之所坚持的"人文化成"，而这正是中华文明之魂。

人文化成的历史基因和核心思想

人文化成，出自《周易》之《贲卦》："刚柔交错，天文也。文明以止，人文也。观乎天文，以察时变；观乎人文，以化成天下。""观乎天文，以察时变"，指的是通过观察、分析自然界的各种矛盾运动，掌握它们的变化规律；"观乎人文，以化成天下"，指的是在深入观察与研究人、人类、人类社会创造的自己所独有的文明基础上，推动文明由天下人所共创，文明的成果为天下人所共享，从而保障人、人类、人类社会得以沿着正确的路径向前发展。

人文化成，就是以人、人类、人类社会为本位，而不是以超越人

---

1 习近平：《坚守初心 共促发展 开启亚太合作新篇章——在亚太经合组织工商领导人峰会上的书面演讲》，《人民日报》2022 年 11 月 18 日。

间的神明为本位，也不是以和人的存在毫无联系的物的世界为本位。《尚书·泰誓》中记述了周武王的一段名言："惟天地万物父母，惟人万物之灵。"人的本质，从来都是各种社会关系的总和。在中华文明中，人们很早就已经深刻认识到，人的存在，乃是社会性的存在、群体性的存在。中华人文的形成和发展，中国人从草昧到文明，中华文明的不断前行，都和人的群体性联系的不断扩大、不断强化，社会关系越来越复杂化、越来越多层次化，人越来越能够自觉合理地处理好这些关系联系在一起。

人为贵，尤其民为本，是全部人文化成的起始点。《尚书·五子之歌》中说："民惟邦本，本固邦宁。"《尚书·泰誓》中说："民之所欲，天必从之。""天视自我民视，天听自我民听。"《左传·庄公三十二年》中说："国将兴，听于民；将亡，听于神。"都明白无误地说明决定国家命运的是民众而非神灵。老子在《道德经》中强调："圣人无常心，以百姓心为心。"《孟子》中说："民为贵，社稷次之，君为轻。"这些论述都非常清晰地说明，正是这些现实的具体的人，这些普通的平民百姓，这些实实在在的社会力量，方才是文明生成和成长的主体和决定性力量。

人文化成，就是人与人之间要讲仁爱。孔子说："仁者，人也。"指的就是人具有"仁"的品格，人也只有在具备了这种"仁"的品格时，方才能够成为名副其实的人。什么是"仁"的品格？孔子说："爱人。""夫仁者，己欲立而立人，己欲达而达人。""己所不欲，勿施于人。"人作为社会群体中的一员，对于社会群体中的其他人应当做到爱人、立人、达人，做到己所不欲，勿施于人。只有具备这样品格的人成为社会的主体，群体方才能够稳固地真正形成，社会方才能够健康有序地运行和积极成长。

天下为公，出自《礼记》："大道之行也，天下为公。选贤与能，讲信修睦。故人不独亲其亲，不独子其子。使老有所终，壮有所用，幼有所长。矜寡孤独废疾者，皆有所养。男有分，女有归。货恶其弃于地也，不必藏于己。力恶其不出于身也，不必为己。是故谋闭而不兴，盗窃乱贼而不作。故外户而不闭。是谓大同。"以"天下为公"为根基的大同世界，是几千年来人与人之间讲仁爱而希冀达到的最高理想，是"文明以止"的"人文化成"的最高境界，或终极奋斗目标和必然归趋。这是历代有识见者所憧憬的理想世界，也是一代代民众强烈要求均贫富、等贵贱、均田免赋、有田同耕、有饭同吃的深厚历史基因。

为政以德、革故鼎新、任人唯贤，为"文明以止"的"人文化成"提供政治和社会保证。

为政以德，出自《论语·为政》：子曰："为政以德，譬如北辰，居其所而众星共之。"德政、德治，要求执政者必须始终不渝地坚持以民为本、以民生为本，使民众都能够仓廪实衣食足，知礼节明荣辱。

德政、德治，又要求发挥道德教化对政治与社会生活的引领作用，而非仅仅依靠严刑峻法为治国的基本原则。子曰："道之以政，齐之以刑，民免而无耻。道之以德，齐之以礼，有耻且格。"说的是仅靠政令和刑罚，确实可以防止人们犯罪，但难以使人们树立正确的是非、善恶、荣辱观，如果用道德教化引导人们向善，用礼制统一人们的言行，老百姓就能自觉产生羞耻之心，恪守正道。德政、德治，更要求执政者重视自身品德修养，严于律己，方才能够得到人民群众普遍的拥护、拥戴和支持。

革故鼎新，出自《周易·杂卦》："革，去故也；鼎，取新也。"革故鼎新，就是要适应时代和形势的变化，革除那些已经过时的制度、法令、礼仪、思维方式、行为方式，而创立新的制度、法令、礼仪、思维方式、行为方式，以保证自身能够及时发现问题，修正错误，勇于自我革新，从而不断增强自身的生命力。

任人唯贤，出自《尚书·咸有一德》："任官惟贤材，左右惟其人。"《群书治要·说苑》中有言："无常安之国，无恒治之民。得贤者则安昌，失之者则危亡。自古及今，未有不然者也。"郑玄注解《周礼》曰："贤，有德行者。能，多才艺者。"孔颖达《毛诗正义》云："有德谓之贤，有伎（技）谓之能。"《资治通鉴》中论德与才的关系："才者，德之资也；德者，才之帅也。""才德全尽谓之圣人，才德兼亡谓之愚人，德胜才谓之君子，才胜德谓之小人。"中国自古就以任人唯贤为治国之要诀，而以任人唯亲为治国之大忌。

天人合一，将人文化成提升到一个新境界、新水平。天人合一，出自《庄子·齐物论》："天地与我并生，而万物与我为一。"人不可能脱离自然而孤立地存在，人性既有超越自然性的一面，同时，又具有与自然性互相统一的一面。《周易》："立天之道，曰阴与阳；立地之道，曰柔与刚；立人之道，曰仁与义。"人能够认识自然、利用自然、改造自然，但这一切都离不开对自然规律的正确了解和尊重，人在改造自然的过程中既可以使自身的自然本性得到提升，又能够确保自身与自然和谐地共生共长，并提升自己的精神生活和物质生活水平，和宇宙万物融为和谐共生的生命共同体。

天人合一，并不是泯灭人与自然之间的差异和界限，唐代刘禹锡说："天与人交相胜耳。"人与天地自然万物是共存关系，即相互包容、相互依存，人类必须善待自然，按照自然规律活动，对自然心存敬畏，对自然资源取之有时、用之有度，维护人与自然万物之间的平衡共生。

人文化成，落实到每一个人，就是自强不息、厚德载物。这八个字出自《周易·乾卦》"天行健，君子以自强不息"以及《周易·坤卦》"地势坤，君子以厚德载物"。君子处世，就应该像天那样刚毅坚卓，发愤图强，不畏艰险、不屈不挠，再接再厉，英勇斗争，奋斗不止。同时，应当增厚美德，像大地那样容载万事万物。这是中华文明影响极为深远的人生观、历史观、实践观。

人文化成，落实到人与人、国与国相处，就是讲信修睦、亲仁善邻。讲信修睦，出自《礼记·礼运》："礼义也者，人之大端也，所以讲信修睦。"亲仁善邻，出自《左传·隐公六年》："亲仁善邻，国之宝也。"讲信修睦、亲仁善邻，也就是中华文明所一贯崇尚的守诚信、崇正义、尚和合、求大同精神在人与人、国与国关系上的具体体现。党的二十大报告指出："促进各国人民相知相亲，尊重世界文明多样性，以文明交流超越文明隔阂、文明互鉴超越文明冲突、文明共存超越文明优越，共同应对各种全球性挑战。"[1]为世界文明朝着平衡、积极、向善的方向发展提供助力；坚持亲诚惠容、与邻为善、以邻为伴，深化国与国之间的友好互信和利益融合，深化拓展平等、开放、合作的全球伙伴关系，都正是对中华文明人文化成这一传统的继承与发展。

人文化成的这些核心思想，在中华文明形成、发展的过程中，有着极为丰厚的历史积淀和极为广泛的群众基础。"天下为公""民为邦本"等核心观念在中华文明发展进程中具有无可替代的压舱石作用，因为它们已经深深渗透到人们的日常生活之中，已经演化为人们的普遍性思维和生活习俗，成为人们物质生活和精神生活中无可置疑的应有之义。也正因为如此，人文化成名副其实地成为中华文明之灵魂。

---

1 习近平：《高举中国特色社会主义伟大旗帜　为全面建设社会主义现代化国家而团结奋斗——在中国共产党第二十次全国代表大会上的报告》，人民出版社 2022 年版，第 63 页。

正是中华文明人文化成如此深厚的沃土，让马克思主义真理之树在这里深深扎根并茁壮成长

马克思主义诞生于欧洲，充分吸取了西方文明优秀成果，更对西方文明存在的根本性问题进行了全面而深刻的反思和批判。欧洲文明形成的一个重要标志，就是宗教信仰的普及和教会支配地位的确立。文艺复兴、宗教改革、启蒙运动和资本主义的勃兴，使人文主义逐渐取代原先宗教与教会的绝对主导地位。但是，欧洲的人文主义由于同资本主义私有制紧密结合，人的本质仍然不脱离原先的宗教本质，仍然是原子式的、孤立的、自利的个体。马克思在《关于费尔巴哈的提纲》中尖锐地指出："费尔巴哈把宗教的本质归结于人的本质。但是，人的本质不是单个人所固有的抽象物，在其现实性上，它是一切社会关系的总和。"[1]他在《德意志意识形态》中批判布鲁诺、施蒂纳时指出："德国人却在'纯粹精神'的领域中兜圈子，把宗教幻想推崇为历史的动力。""它把宗教的人假设为全部历史起点的原人，它在自己的想象中用宗教的幻想生产代替生活资料和生活本身的现实生产。"[2]马克思针对这一思潮特别指出："社会生活在本质上是实践的。凡是把理论诱入神秘主义的神秘东西，都能在人的实践中以及对这种实践的理解中得到合理的解决。"[3]人的本质是一切社会关系的总和，社会生活在本

---

1 《马克思恩格斯文集》第 1 卷，人民出版社 2009 年版，第 501 页。
2 《马克思恩格斯文集》第 1 卷，人民出版社 2009 年版，第 546 页。
3 《马克思恩格斯文集》第 1 卷，人民出版社 2009 年版，第 505—506 页。

质上是实践的。这和中华文明以现实的人、社会的人、人的现实社会、现实生活为原点可谓高度契合。

中华文明以人为本位，而不是以超越人间的神明为本位，以现实的、世俗的、有生有死的此岸世界为本位，而不是以无法验证的超越现实、超越世俗、超脱生死的彼岸世界为本位。不是预先设定有一个超验的绝对者，神圣世界与现实世界、彼岸世界和此岸世界互相对立，将彼岸的神灵世界推崇为具有绝对的神圣性，否定此岸的世俗世界具有独立的内在价值。人的存在价值并非禁欲主义或神秘主义的所谓自我救赎。章太炎在《驳建立孔教议》中说，中国"国民常性，所察在政事日用，所务在工商耕稼。志尽于有生，语绝于无验。人思自尊，而不欲守死事神，以为真宰。此华夏之民，所以为达"[1]。马克思主义坚持以最广大人民群众为人类全部活动的主体，这和中华文明坚持以人为本、以群体的人为本，以从个人到家庭到社会到国家直至天下的实际生活为本，互相印证、互相融通。

马克思在《德意志意识形态》中特别指出："共产主义和所有过去的运动不同的地方在于：它推翻一切旧的生产关系和交往关系的基础，并且第一次自觉地把一切自发形成的前提看做是前人的创造，消除这些前提的自发性，使这些前提受联合起来的个人的支配。因此，建立共产主义实质上具有经济的性质，这就是为这种联合创造各种物

---

1 《章太炎全集》第 4 卷，上海人民出版社 2014 年版，第 200 页。

质条件，把现存的条件变成联合的条件。"[1] 马克思又指出："共产主义对我们来说不是应当确立的状况，不是现实应当与之相适应的理想。我们所称为共产主义的是那种消灭现存状况的现实的运动。这个运动的条件是由现有的前提产生的。"[2] 共产主义或科学社会主义和中华文明以天下为公所代表的大道相对应。天下为公是中华文明社会发展的终极目标和最高理想，但在漫长岁月中，它一直同天下为公乃至天下为私的社会现实紧密相伴，由于一家一户是社会由以构成的细胞，是人们追逐当下利益、实际利益的主要立足点。天下为公、天下为家与天下为私的并行和纠缠，已经延续了数千年，在推进中国特色社会主义事业的过程中，如何从现有的前提出发，使天下为公与天下为家及天下为私三者合理合法地形成优势互补，而不再彼此对抗，发生激烈冲突，乃至完全破裂，人们进行了极为艰巨的探索。在这一过程中，中国人民传承并极大地弘扬了中国天下为公的优秀文化传统，又尊重中国几千年来天下为家的根深蒂固的现实，在充分确认人的本质是社会关系的总和，重视人的社会性、群体性的同时，亦不忽视人的个体性、私人性。

马克思主义革命学说和中华文明人文化成中的革故鼎新、自强不息、厚德载物也是相得益彰的。马克思指出："革命之所以必需，不仅

---

1 《马克思恩格斯选集》第 1 卷，人民出版社 2012 年版，第 202 页。
2 《马克思恩格斯选集》第 1 卷，人民出版社 2012 年版，第 166 页。

是因为没有任何其他的办法能够推翻统治阶级，而且还因为推翻统治阶级的那个阶级，只有在革命中才能抛掉自己身上的一切陈旧的肮脏东西，才能胜任重建社会的工作。"[1]面对特别强大、特别凶残的革命敌人和特别复杂、特别困难的革命任务，坚持和极大地发扬革故鼎新、自强不息、厚德载物的精神，对革命者来说自然特别重要，而在成为执政者以后，面对来自内部与外部各种各样的严峻考验，如何正确地使用这一权力，使这一权力受到有效的监督，更加需要继续不懈地坚持和极大地发扬革故鼎新、自强不息、厚德载物精神。

马克思主义在中国的传播，历时不过百年，晚于世界其他许多国家，这棵真理之树在中国所结出的硕果令世界为之瞩目、为之赞叹。一百年来，中国共产党领导中国人民奋斗的历程充分证明，正是把马克思主义基本原理同中国具体实际相结合、同中华优秀传统文化相结合，才使马克思主义在中华大地、在中国人民心中深深地扎下了根，才能始终保持马克思主义的蓬勃生机和旺盛活力，极大地激活了中华文明之魂人文化成极为强大的生命力和创造力。

---

1 《马克思恩格斯选集》第 1 卷，人民出版社 2012 年版，第 171 页。

中华文明对人类文明的重要贡献

吴根友 *

---

* 武汉大学文明对话高等研究院院长，武汉大学哲学学院教授。

中华文明包容、开放与重视有机性的思想倾向

中华文明经典系统的开放性，主要表现在精神内涵的一体多元，有体有用、有道有器有技的严密系统性与可容受性（即开放性）。在"六经"系统里，《诗》《乐》主要表现为对人的审美情感的重视；《书》则表现为对人类政治史上得失成败的大事及其原因的关注，体现了政治理性与历史理性的高度结合；《春秋》及后来的"三传"，主要是在尊重政治上王道原则的前提下讨论各种实际政治行为的正当性问题。因而《春秋》实际上是一本关于政治大统一的政治伦理著作，而非后人所认为的历史著作。《周易》这部书虽分经、传两个部分，但其主要精神是讲"变化之道"，鼓励有远大理想的人们一方面要自强不息，另一方面要厚德载物。这部经典性的哲学作品，对于传统中国的精英人物，上自帝王将相的统治团体，下至历代王朝政治的士人群体，甚至少数民间江湖之士，都有极其深刻的影响。在天地变化的无穷空间里展开人类的政治与社会生活，构成了中华文明传统刚健有为而又具备仁厚包容的文明基因。

北宋以后，以"四书"为代表的新经典传统，更是以清晰而明白的伦理理性，反复阐述万物一体、天人性命相关的人间世俗道理，其间虽有统治者与被统治者的尊卑贵贱之异，以及对天理、良心等具体内容的不同理解，但天理、良心二词成为宋明以后中国社会的基本伦理准则。

宋明儒学，特别是朱子一系的理学思想传统，对于欧洲的近代有机主义思想有深刻的影响。这一点，英国的科技史专家李约瑟在谈到中华文明对于西方文明的贡献时曾经说道，欧洲17世纪以来所表现出的"各种有机主义哲学的潮流"，在追溯到莱布尼茨时，"然后就似乎不见踪影了"。而莱布尼茨的这种有机主义思想，可能就是"透过理学的镜子所看到的佛教思辩"，而当莱布尼茨讲到机器和有机体之间的区别时注意到，"组成有机体的每个单子总是有生命的并且在意志和谐之中相合作的时候，我们不禁联想到中国'通体相关的思维'体系所特有的'意志和谐'"。上述李约瑟的说法从学术的角度看当然是可以讨论的，但他的说法至少可以说明，莱布尼茨的有机主义思想是受到了北宋新儒家思想的影响。

精神文明的一体多元与以人间经验理性为主导的即凡而圣的心灵追求

其一，中华文明的第一大特点是拥有多元经典的民族，这相对于世界上其他一神教、一神论民族只有一本经典来说，在精神结构的形式方面就具有开放性、包容性。中华上古贤达之人，分别从生活中的五味调和、礼乐实践中的五音协和诸现象，提炼出了包容杂多、尊重差异，又能做到"以他平他谓之和"的和谐思想以及由金木水火土而提炼出了五行相生相克的动态平衡思想，在处理上古多部落、族群的政治实践中提炼出了"协和万邦"的政治智慧。这些不同层面的"贵和"思想，共同构成了中华文明多层次、多侧面、立体感的"贵和"智慧。

这种"贵和"的民族智慧在文明的实际展开过程中，成功地吸收了印度的佛教文明，并成功地形成了中国化的佛教——以慧能为代表的新禅宗，然后又影响到日本与朝鲜半岛。而在漫长的传统社会里，儒释道三种主要的文化传统相互竞争而最终表现为三教合一的融合现象。晚明时期，又初步形成儒学、道教、佛教、基督教、伊斯兰教五教共存的现象。自19世纪末20世纪以来，面对西方现代资本主义文明强势入侵、殖民之际，中国的仁人志士自觉地向西方寻求真理，最后接受马克思主义，并逐步将马克思主义中国化。

其二，中华文明的经典是以人间世俗生活的经验理性为主要内容，不排除对无限、无形世界之天、幽隐而不见的鬼神世界的某种敬畏。以儒家思想为主要内容的敬天法祖、礼乐并用、仁礼并举、忠孝节义诚智信诸伦理法则，构成中华文明人间世俗主义伦理的基本精神，培养出具有深刻而坚定信仰，同时又具有踏实而勤奋精神的广大士人与普通民众。这种人间世俗主义的务实态度，一方面对大自然的整体之天保持着一种敬畏之情，在长期的农牧生活之中培养出了尊重生态平衡的古典生态思想与人生态度，另一方面在长期的政治与社会生活中，对于自然灾害与人间的疾病、祸患保持着深刻的警醒，具有一种深沉的忧患意识。

其三，在战胜自然灾害、克服自然与社会困难的过程中，特别是通过大禹治水的长期政治实践，逐步形成了共克时艰的团结协作精神。在传统中国社会，上自朝廷，下到民间，一旦遇到重大社会灾难，如旱涝自然灾害，瘟疫、蝗虫等灾害，大体都能在"共克时艰"意识的引导下，将各种形式的灾害所形成的灾难降到一个较低水平。传统中国社会的政治精英与士人群体，在长期的政治实践过程中，面对频繁的自然灾害、人类社会自身的各种问题，形成了"吉凶与民同患"与明于吉凶之故，"先天下之忧而忧，后天下之乐而乐"的深刻忧患意识、政治理性、责任伦理，以及"君子忧道不忧贫""生于忧患，死于安乐"的高超而深刻的人文理性。

在制度文明层面，中华文明所形成的封建制与郡县制，特别是在漫长的郡县制中所创立的科举取士制度，以及其他方面的文教制度，是人类文明发展史上的一大创举

中华文明所建立的封建制，在人类早期文明的制度建设方面，成为典范。其所开创的礼乐文明制度，逐步确立了人间世俗主义的人文理性与政治理性，将具有宗教迷信意义上的天帝与诸神，渐渐逐出了人类政治领域，早期的敬德保民向后期的民本主义或人本主义政治转化，为秦汉帝国的郡县制的政治制度提供了坚实的人间世俗主义的精神结构——民本君主政治治理的理性结构。郡县制前期的察举制与选

贤任能，中后期科举制的考试制度选贤任能，让中国传统社会中下层的庶族地主中的有为之士不断被吸收到中央政府的管理队伍之中，这些人多数是贤良人士，而且了解民间的疾苦与实际情况，对于沟通中央与地方之间的关系，具有极其重要的作用。

隋唐时期开创的科举取士制度，就其本意而言，是统治阶层为了囊括天下人才，以利于自己的政治统治而创设。但其实际的历史效果则是培育了理性的人文政治治理模式。科举制度还在世界各民族的政治治理经验中开创了文官政治的先例，传统中国社会中很少发生武人干政的现象，这应该归功于这套文官制度。通过科举的渠道进入政府的文官，多数具有儒家经学的思想能力与人文理性，而且大多具有民本的政治理念。这些官员致仕之后又回到乡村社会，成为地方上的乡绅，推广文教，在社会的文明化进程中发挥了重要的积极作用。

唐宋以后的中国政治及儒家经典的教化方式，对于东北亚的日本以及东南亚的越南、泰国等国家，产生了辐射性的影响，形成了一个儒家文化圈。在近代西方由商业工业与军事侵略结合在一起的全球化运动开始以前，中华文明已经展开了区域性的文明化运动，把广大的东北亚、东南亚部分地区的人口带入了儒家的政治与伦理理性高度结合在一起的文明圈之中。日本也只是在明治维新之后才走上了一条脱亚入欧的道路，但即使这样，今天的日本也难以摆脱儒家文化圈的印痕，其现代化的方式与现代日本人的生活方式，与欧美人存在着较大的区别。

16 世纪末到 17 世纪，欧洲来华的耶稣会传教士，一方面给中国带来了欧洲的文明与少量先进的器物文明，另一方面他们又将中国的典籍与相关的社会管理情况，翻译、介绍到欧洲，对欧洲大陆的近代启蒙思想运动产生了积极的作用。伏尔泰被誉称为欧洲的孔子，莱布尼茨高度赞扬中国社会的伦理与道德所能达到的高度，甚至要求法国国王路易十四给康熙皇帝写信，让中国人也派儒家的传教士到欧洲传教。德国哲学家沃尔夫（康德的老师）高度肯定中国社会的"自然理性"对于治理社会的作用，以之对抗并批评中世纪以弱化基督教的天启理性。中华文明重视人间世俗理性的思想对于欧洲大陆启蒙运动早期思想界的影响是确定无疑的，而且主要是发挥正面的积极作用。

中华器物文明对世界文明进程的推动作用及其对现代文明的催生作用

在器物文明层面，中华文明对于世界的贡献是十分巨大的，推进了人类的文明进程。印刷术、指南针、火药三大技术的推广，加快了结束欧洲中世纪历史的步伐，催生了现代文明的诞生。在 8 世纪中后叶，中国四大发明中的造纸技术传入阿拉伯地区，大约经过 200 多年的时间，大食帝国的造纸术又传到欧洲，12 世纪下半叶，欧洲开始造纸，一改羊皮卷《圣经》昂贵、不易流传的状态，极大改善了《圣经》等文化典籍的传播。美国学者德克·卜德曾经说："纸对后来西方文明整个进程的影响，无论怎样估计都不会过分。"

火药、指南针、印刷术的发明与改进，改变了整个中世纪欧洲的文明进程，对此马克思曾经这样说道："这是预告资产阶级社会到来的三大发明。火药把骑士阶层炸得粉碎，指南针打开了世界市场并建立了殖民地，而印刷术则变成新教的工具，总的来说变成科学复兴的手段，变成对精神发展创造必要前提的最强大的杠杆。"[1]

另外，中国的瓷器与丝绸，对于欧洲人的日常生活产生了极大的影响。欧洲 18 世纪流行的洛可可艺术，就是深受中国瓷器、丝绸影响而形成的一种新的艺术形式。茶叶被广泛接受，也影响了欧洲人的生活方式，特别是英国贵夫人阶层的休闲生活方式。甚至到了 18 世纪，在西方的工业革命如火如荼展开的时代，中国的"南京布"对于美国的消费市场也起到了重要作用，可以说对近代全球化运动作出了自己的贡献。

早期文明中的青铜器，虽然不能说是独一无二的，但中国商周时期的青铜器与乐器之精美，特别是周代有铭文的青铜器、青铜器编钟等物态化文明形式，在世界上可以说是无与伦比的。湖北随县擂鼓墩出土的青铜器编钟，现在还可以演奏各种复杂的现代音乐，其技艺之高超可见一斑。另外，中华的漆器等物质文明形态，也是世界上其他民族所少有的。可以这样说，在现代科学技术制品出现以前，在唐宋

---

1 《马克思恩格斯文集》第 8 卷，人民出版社 2009 年版，第 338 页。

元明清 1500 余年的历史时期里，中国的器物文明在世界上都是美轮美奂、首屈一指的。

放眼当前世界各主要文明传统，以及现代文明国家与地区的社会现状，一个古老而文明的中国正在民族文化复兴的道路上，以自己深厚的文化传统推动着中国社会走上了一条既不外在于现代性的基本要求，又具有中华民族特色的现代化道路。中华文明的复兴不只是一个古老民族的复兴，更会在复兴这一古老的文明过程中，给世界上其他古老文明的复兴与后发达民族国家的发展，带来巨大的启示意义与巨大的力量支持。

"不惹事也不怕事"的民族特质

董振华 *

* 中共中央党校（国家行政学院）哲学教研部副主任、教授、博士生导师。

习近平总书记在纪念中国人民志愿军抗美援朝出国作战 70 周年大会上发表讲话时强调："中国人民不惹事也不怕事，在任何困难和风险面前，腿肚子不会抖，腰杆子不会弯，中华民族是吓不倒、压不垮的！"[1]中华民族是有着悠久历史和灿烂文明的民族，在长期的民族发展史中，既创造了光辉的成就，也经历过深重的苦难和挫折，特别是近代以来，在西方列强的压迫之下，中华民族陷入了内忧外患的悲惨境地。但中华民族凭借自身顽强不屈的精神和前赴后继的探索，终于实现了民族独立、人民解放和国家富强的目标，并向着民族复兴的光明前景不断前进。纵观中国的发展历程，中华民族呈现出一种"不惹事也不怕事"的民族特质，而这种特质有着深厚的民族文化和思想渊源。

特质一：根植于爱好和平与和而不同的文化基因

习近平总书记指出："有着 5000 多年历史的中华文明，始终崇尚和平，和平、和睦、和谐的追求深深植根于中华民族的精神世界之中，深深溶化在中国人民的血脉之中。"[2]中华民族具有既不惹事也不怕事的特质，很大程度上是受到中华文化的影响，中华文化倡导"和而不同""睦邻友邦""天下太平"的价值取向，爱好和平是中华民族的

---

1 《习近平著作选读》第 2 卷，人民出版社 2023 年版，第 358 页。
2 《习近平谈治国理政》第 1 卷，外文出版社 2018 年版，第 265 页。

文化基因。正是在这样的文化氛围中，我们始终不渝地走和平发展道路，坚决反对冷战思维和零和博弈，绝不做惹是生非的一方，同时也坚持独立自主，在不受制于人的情况下敢于维护自身合法权益，做到不怕事。

中华民族自古就没有侵略扩张的基因，我们始终是爱好和平、维护和平的坚定力量。正是由于传承了爱好和平的文化传统，新中国成立后，我们始终不渝地走和平发展道路，恪守维护世界和平、促进共同发展的外交政策宗旨，坚持和平共处五项原则。但是，随着中国的发展和崛起，国际上出现了"中国威胁论"的错误认知，认为中国会走"国强必霸"的老路，会给世界上其他国家带来威胁，担心中国会成为惹事的一方。事实上，"国强必霸"的陈旧逻辑在中国是说不通的，这不符合中华民族的文化传统。中华民族始终遵循"和而不同"的文化理念，平等对待每一个民族，尊重每一个民族的文化，绝对不将自己的意愿强加于人，正所谓"己所不欲，勿施于人"。正因如此，中国现在不会称霸，将来发展强大了也不会称霸，中国决不会做国际社会中惹事的一方。

正因为遵循"和而不同"的文化理念，我们坚决反对冷战思维和零和博弈。《中庸》中说："万物并育而不相害，道并行而不相悖。"中华文化是一种包容性很强的文化，在这种文化氛围之下，中华民族养成了"海纳百川，有容乃大"的思维方式，不认为万物之间是非此即彼的二元对立关系。而冷战思维和零和博弈就是一种非此即彼的二元对立思维，认为一方的存在和发展必然危害到另一方的利益，因此要在两者之间进行你死我活的斗争。因此我国在国际关系中坚决反对冷战思维和零和博弈，倡导构建合作共赢的人类命运共同体。正如习近平总书记所指出的："中国倡导人类命运共同体意识，反对冷战思维和零和博弈。中国坚持国家不分大小、强弱、贫富一律平等，尊重各国人民自主选择发展道路的权利，维护国际公平正义，反对把自己的意志强加于人，反对干涉别国内政，反对以强凌弱。"[1]

爱好和平不等于软弱可欺，中华民族不会侵略别的国家，不会干涉他国内政，不会觊觎他国利益，但也决不允许其他国家损害我们自己的利益。习近平总书记强调："中国人民珍爱和平，我们决不搞侵略扩张，但我们有战胜一切侵略的信心。我们绝不允许任何人、任何组织、任何政党、在任何时候、以任何形式、把任何一块中国领土从中国分裂出去，谁都不要指望我们会吞下损害我国主权、安全、发展利益的苦果。"[2]软弱怕事绝不可能换来真正的和平，当今的中华民族早已不是"东亚病夫"，已经有实力自信地屹立于世界民族之林，我们不会容许任何损害我们利益的行为，我们不会答应任何让我们屈服和投降的企图。我们深知当前和平发展的前景来之不易，我们也深知要实

---

1 《习近平谈治国理政》第 2 卷，外文出版社 2017 年版，第 42 页。
2 《习近平谈治国理政》第 2 卷，外文出版社 2017 年版，第 417 页。

现中华民族的伟大复兴仍然需要和平的国际环境，如果有任何阻碍中国和平发展、破坏世界和平进程的敌对势力出现，中华民族都不会怕事，一定会和这些敌对势力进行坚决的、彻底的斗争。

实现和平的前提是坚持独立自主，只有做到独立自主才能不受制于人，才能真正做到既不惹事也不怕事。毛泽东同志曾经强调："总之，和平是必须取得与能够取得的，但主要应依赖自力而不应依赖外力。只有自力更生，自立自强，自己有办法，自己立于不败之地，然后国际与国内各方助我力量，方能发生作用，才是可靠地取得和平，否则就是不可靠的，是危险的。"[1]如果在维护和平的过程中失去了主动权，就会处处受制于人，不仅无法组织起有效的抵抗，甚至要将自身的权益奉献给他人。总之，做不到独立自主，就绝没有不怕事的勇气和实力。新中国成立以来，我们始终坚持独立自主的外交政策，特别是在成立初期，我们在极端困难的情况下顶住了帝国主义施加的外部压力，真正地实现了民族的独立，使帝国主义靠大炮屈服我们的时代一去不复返了。

特质二：根源于合道顺德与和谐共生的正确义利观

中华民族之所以能够做到既不惹事也不怕事，另一个重要原因是中华民族始终坚持道义，坚持正确的义利观，绝不恃强凌弱。正因为

---

1 《毛泽东文集》第 4 卷，人民出版社 1996 年版，第 152 页。

我们坚持道义，所以才没有惹是生非的传统，不会干预其他国家和民族的主权和发展；正因为我们坚持道义，才有了不怕事的勇气，才能够获得更多的支持从而壮大自己的力量，面对一切压力和挑衅，我们都能从容应对。

中国古人十分重视道义的力量。战国时期，儒家学派的代表人物孟子面对诸侯混战的局面，提出了"得道者多助，失道者寡助"的观点，并进而指出："寡助之至，亲戚畔之；多助之至，天下顺之。以天下之所顺，攻亲戚之所畔，故君子有不战，战必胜矣。"在这里孟子已经明确说明，做事情如果能站在道义的一方，那么就会得到外部的理解和支持，从而壮大自己的力量，做事情就能成功；如果是站在非道义的一方，就会众叛亲离，最终必然走向失败。

中国共产党人充分继承了中华优秀传统文化中"得道多助，失道寡助"的思想。在 20 世纪 30 年代至 40 年代，面对日本帝国主义的侵略，中华民族到了最危险的时刻，甚至面临着亡国灭种的危险。在全民族抗战爆发不久，当时的中国社会就出现了"亡国论"和"速胜论"等错误的思想观点，毛泽东同志对于这些错误观点进行了深刻的批判，并且鲜明地提出了"抗日战争是持久战"的结论。他在《论持久战》一文中深入地分析说，中国抵抗外来侵略的战争是进步的战争，而日本作为帝国主义势力对外侵略是退步的；在国际条件上，日本发动侵略战争是被孤立的，是寡助；中国的反侵略战争作为世界性的人民运动，能够得到国际上的支持和援助，是多助。"强弱对比虽然规定了日本能够在中国有一定时期和一定程度的横行，中国不可避免地要走一段艰难的路程，抗日战争是持久战而不是速决战；然而小国、退步、寡助和大国、进步、多助的对比，又规定了日本不能横行到底，必然要遭到最后的失败，中国决不会亡，必然要取得最后的胜利。"[1]历史的进程也印证了这一结论，在经历长达14年的抗战后，中华民族最终取得了抗日战争的伟大胜利。

坚持道义的重要内容就是尊重人的生命。中国古籍《周易·系辞上》中有一句话："生生之谓易。"中华民族对人的生命是从宇宙自然与社会道德相统一的层面理解的，认为人的存在本身就是顺应自然的体现，尊重人的生命就是遵循天道，并努力实现"天人合一"的最高境界。一个民族是否尊重人的生命，从这个民族如何对待武力就可以看出。有的民族遇到事情常常诉诸武力解决，凭借自身强悍的硬实力，用武力干预他国内政、介入他国发展，结果往往造成社会混乱不堪、人民生灵涂炭。中华民族从来不是一个好战的民族，我们始终牢记"国虽大，好战必亡"的箴言，即使是在历史上最强盛的时期也没有留下侵略和殖民他国的记录。中国古代的兵书《孙子兵法》，开篇第一句就讲："兵者，国之大事，死生之地，存亡之道，不可不察也。"我们之所以从不惹事，就是出于对生命的尊重，在保护本民族生命权利

---

1 《毛泽东选集》第2卷，人民出版社1991年版，第453页。

的同时维护其他民族人民的生命权利，决不因自身的原因而剥夺他人的生命。我们之所以不怕事，也是出于对人的生命权利的尊重，通过以战止战防止事态扩大化，争取以最小的代价换来群体的最大利益，且不提倡无谓的牺牲。

坚持道义就要坚持正确的义利观。不同的义利观会使得主体做出不同的选择，坚持正确的义利观，才能维护正义，在维护自身权益的同时不侵害他人的正当权益；而坚持了错误的义利观，就是站到了道义的对立面，最终必然落得自取其辱的下场。中国传统文化中就长期存在着义利之辨，孔子最先揭示了这一对关系，他说："君子喻于义，小人喻于利。"这就为义利之辨赋予了道德的内涵。孟子继承了孔子的思想，更加突出了"义"的重要性，他说："生，亦我所欲也；义，亦我所欲也；二者不可得兼，舍生而取义者也。"孟子将"义"视为比生命更重要的东西，这也就鲜明体现了中华民族的义利观。当前，中国在国际社会中坚持以义为先、义利兼顾的义利观，树立负责任大国形象，积极推动构建人类命运共同体，这正是中国坚持道义的体现。正如习近平总书记所指出的："中国不觊觎他国权益，不嫉妒他国发展，但决不放弃我们的正当权益。中国人民不信邪也不怕邪，不惹事也不怕事，任何外国不要指望我们会拿自己的核心利益做交易，不要指望我们会吞下损害我国主权、安全、发展利益的苦果。"[1]中国通过坚持正

---

1 《习近平谈治国理政》第 2 卷，外文出版社 2017 年版，第 42 页。

确的义利观，吸引了国际社会越来越多的国家和民族参与到发展合作中来，共享发展的成果，这使得中国的国际声誉和国际影响力与日俱增，给我们既不惹事也不怕事增添了更多的底气和信心。

特质三：生发于初心如磐和"我将无我"的共产主义信仰

中华民族之所以能够做到既不惹事也不怕事，还有一个重要的原因就是我们有着坚定的信仰。这种坚定的信仰在中国共产党人的身上更是体现得尤其明显。正是有坚定的信仰，我们才能从一个建党之初只有 50 多人的小党发展到今天成为拥有 9800 多万名党员的世界第一大党；正是有坚定的信仰，我们才能在一穷二白的基础上带领中国人民实现从站起来到富起来再到强起来的伟大飞跃；正是有坚定的信仰，我们才能不断战胜前进道路上的各种艰难险阻，不断朝着中华民族伟大复兴的伟大目标奋勇前进。

信仰有"迷信"和"真信"之分：所谓"迷信"，是指未经反思和检验的信仰，这种信仰往往是从抽象的原则出发，采用唯理论的论证方式，但是"迷信"一旦遇到原则与事实不相符的地方，就会呈现为荒谬；所谓"真信"，是指在经过反思和检验基础上形成的信仰，这种信仰往往抓得住事物的根本，是对事物发生发展规律的正确揭示，因而呈现为真理。

共产主义是中国共产党人的最高理想和最终目标，是中国共产党人的根本信仰。中国共产党人之所以具备强大的信仰力量，就是因为共产主义的信仰是真信而不是迷信。共产主义的信仰来自马克思主义的科学理论，这一主义的主要创始人马克思在他中学时写作的一篇作文中就说道："如果我们选择了最能为人类而工作的职业，那么，重担就不能把我们压倒，因为这是为大家作出的牺牲；那时我们所享受的就不是可怜的、有限的、自私的乐趣，我们的幸福将属于千百万人，我们的事业将悄然无声地存在下去，但是它会永远发挥作用，而面对我们的骨灰，高尚的人们将洒下热泪。"[1] 在这里马克思就已经说明，如果我们拥有了崇高的信仰，那么一切困难和挑战都不能打倒我们，即使付出很大的牺牲，我们也会因为有信仰而毫无畏惧。

共产主义正是这种远大信仰，是自由人的联合体，以实现全人类的解放和自由全面发展为核心价值。正如习近平总书记指出的："马克思主义是人民的理论，第一次创立了人民实现自身解放的思想体系。马克思主义博大精深，归根到底就是一句话，为人类求解放。"[2] 马克思主义的创始人发现了在私有制条件下人民受到资本奴役的现实，因此站在人民的立场上探求人类解放的道路，并在领导人民求解放的运动实践中，形成了科学的理论体系，揭示了人类社会发展的一般规律，为实现人的自由和全面发展指明了方向。

---

1 《马克思恩格斯全集》第 1 卷，人民出版社 1995 年版，第 459—460 页。
2 习近平：《在纪念马克思诞辰 200 周年大会上的讲话》，人民出版社 2018 年版，第 8 页。

共产主义之所以是"真信"，就在于这种信仰有着科学的理论基础和严密的逻辑论证。共产主义的实现建立在科学社会主义的原则基础之上，在科学社会主义诞生以前，西方社会就已经产生了空想社会主义的思想，但是空想社会主义缺乏现实的理论基础，也没有找到实现理想的有效途径，因此最终成为空谈。但是马克思在充分吸收空想社会主义者合理理论成分的基础上，通过提出唯物史观和剩余价值学说，从社会生产领域发现了理解人类历史发展的"钥匙"，从而实现了社会主义从空想到科学的飞跃。不仅如此，无数共产主义者在这一远大信仰的指引和推动下，取得了社会主义革命的胜利，建立起了社会主义的国家，将社会主义由理论变为了现实，这就更加说明了共产主义的信仰是科学、是真理。

近代以来，随着马克思主义在中国的传播，共产主义的信仰也在中国大地上落地生根。特别是中国共产党一经成立，就把共产主义写在自己的旗帜上，凝聚起了中华民族实现国家独立和民族解放的强大力量。在共产主义的旗帜下，无数仁人志士以"为有牺牲多壮志，敢教日月换新天"的勇气和魄力，毫不畏惧封建主义、帝国主义和官僚资本主义这"三座大山"的压迫，他们以实现共产主义为口号和目标，同一切侵略势力和反动势力展开了殊死搏斗，最终实现了新民主主义革命和社会主义革命的胜利，完成了中华民族有史以来最为广泛而深刻的社会变革。

理想因其远大而为理想，信念因其执着而为信念。共产主义作为远大的理想信念，不可能在一朝一夕间就成为现实。因此，中国共产党人不断将共产主义的远大理想同中国特色社会主义共同理想统一起来、同我们正在做的事情统一起来，不断坚定中国特色社会主义道路自信、理论自信、制度自信、文化自信，将为共产主义的奋斗具体到实现中华民族伟大复兴中国梦的实践进程中去。习近平总书记强调："中国共产党人的初心和使命，就是为中国人民谋幸福，为中华民族谋复兴。这个初心和使命是激励中国共产党人不断前进的根本动力。"[1] 实现中华民族伟大复兴是近代以来中华民族最伟大的梦想，为实现这一伟大梦想，中华民族不会惧怕任何挑战和困难。实现梦想的过程绝不会是一帆风顺的，中华民族在这一过程中既不惹事但也绝不怕事，一定会以"逢山开路、遇水搭桥"的毅力，以"长风破浪会有时，直挂云帆济沧海"的壮志，以"千磨万击还坚劲，任尔东西南北风"的决心，同一切阻挡民族复兴进程的势力进行坚决的斗争。

中国特色社会主义进入新时代，在新时代的历史条件下，中华民族将更有底气和信心做到既不惹事也不怕事。我们将继续做维护世界和平与发展的坚定力量，始终不渝地走和平发展的道路，坚决不做惹事的一方；同时，我们也将继续捍卫自身合法权益，任何势力都不要幻想让我们吞下损害自身权益的苦果，我们将一如既往地不怕事。

---

1 《习近平谈治国理政》第 3 卷，外文出版社 2020 年版，第 1 页。

第二篇

努力建设中华民族现代文明

在新的起点上继续推动文化繁荣、建设文化强国、建设中华民族现代文明，是我们在新时代新的文化使命。要坚定文化自信、担当使命、奋发有为，共同努力创造属于我们这个时代的新文化，建设中华民族现代文明。

——习近平

中华民族现代文明是什么样的文明

——中华民族现代文明的基本内涵

———

何星亮 *

---

* 中国社会科学院学部委员、一级教授、国务院参事。

对于中华文明与中国特色社会主义的内在联系，习近平总书记一直以来都有着深邃思考，曾多次提出建设中华民族现代文明这一重大时代课题。2022 年 10 月，习近平总书记考察河南省安阳市时首次提出"中华民族现代文明"这一概念。2022 年 10 月 28 日下午，习近平总书记考察位于安阳市西北郊洹河南北两岸的殷墟遗址时指出："殷墟出土的甲骨文为我们保存 3000 年前的文字，把中国信史向上推进了约 1000 年。殷墟我向往已久，这次来是想更深地学习理解中华文明，古为今用，为更好建设中华民族现代文明提供借鉴。""中华文明源远流长，从未中断，塑造了我们伟大的民族，这个民族还会伟大下去的。"[1] 2023 年 6 月 2 日，习近平总书记在文化传承发展座谈会上两次提出建设中华民族现代文明："只有全面深入了解中华文明的历史，才能更有效地推动中华优秀传统文化创造性转化、创新性发展，更有力地推进中国特色社会主义文化建设，建设中华民族现代文明。""在新的历史起点上继续推动文化繁荣、建设文化强国、建设中华民族现代文明，要坚定文化自信，坚持走自己的路，立足中华民族伟大历史实践和当代实践，用中国道理总结好中国经验，把中国经验提升为中国理论，实现精神上的独立自主。"[2] 此外，习近平总书记深刻阐述和概括了中华文明的五种突出特性：一是连续性，二是创新性，三是统一性，四是

---

1 《全面推进乡村振兴　为实现农业农村现代化而不懈奋斗》，《人民日报》2022 年 10 月 29 日。
2 《担负起新的文化使命　努力建设中华民族现代文明》，《人民日报》2023 年 6 月 3 日。

包容性，五是和平性。2023 年 6 月 7 日，习近平总书记在致首届文化强国建设高峰论坛的贺信中再次提出建设中华民族现代文明。

建设中华民族现代文明，首先必须明确我们要建设的中华民族现代文明是什么样的文明，有哪些基本内涵。中华民族现代文明内涵丰富，我们要从不同的角度来阐释和理解。从历史视角来看，中华民族现代文明是在传统文明基础上创新性发展的现代文明；从现代化视角来看，中华民族现代文明是在中国式现代化基础上形成的现代文明；从文化视角来看，中华民族现代文明是在中国特色社会主义文化基础上形成的现代文明；从全球视角来看，中华民族现代文明是一种人类文明新形态。

历史视角：在传统文明基础上创新性发展的现代文明

从历史视角来看，中华民族现代文明是在传统文明基础上创新性发展的新文明。主要有如下几方面的因素。

第一，传统文明是建设现代文明的基础和保障。历史文化传统是建设文化强国的基础，也是建设现代文明的基础。因此，在传统文明基础上的创新性发展是现代文明建设的保障。

中华文明是世界古文明中最伟大的文明之一。这是因为中华文明为人类文明作出了巨大贡献；中华文明是世界古文明中唯一世代延续的文明；中国是世界上唯一长期保持统一的多民族国家；古代中国人创造的物质财富长期处于世界领先地位；古代中国的历史文献资料在世界上最为丰富；中华文明曾对世界产生深远而重大的影响。

一个国家的现代文明建设不可能建立在空中楼阁上，必须在历史传统的基础上创造和发展。没有历史传统基础的现代文明不会有自己的特色和生命力。世界上大量史实表明，历史传统是世界各国现代化的基础，是大多数国家成功推进现代化的保障。建设中华民族现代文明，一方面要继承和弘扬中华优秀传统文化，分清传统文化中的"良"和"莠"，识别"精"与"糟"，推进中华优秀传统文化的创造性转化、创新性发展，挖掘其固有的潜力；另一方面要勇于创新，创造与时俱进的活力，使之保持旺盛的生命力，以适应现代化的需要。"复兴"不是"复旧"或"回归"，而是要在传统的基础上创新。不少学者认为，传统性与现代性是现代化过程中生生不断的"连续体"，即以"传统—现代—传统—现代"的形式不断循环往复，世代生生不息。历史传统不会消亡，现代文明建设也不会终止。世界上发展中国家的事实表明，没有历史传统作为依托，现代化难以成功。"背弃了传统的现代化是殖民地或半殖民地化，而背向现代化的传统则是自取灭亡的传统。"[1] 历史上成功推进现代化建设的国家大都经历过一个双向运动过程，即传统文明与现代文明的相辅相成，这是因为：一是能够克服传统文明对现代文明的排斥，二是能够使传统文明转换成现代文明。

1　罗荣渠：《现代化新论》，北京大学出版社 1993 年版，第 376 页。

"继承"与"创新"并不是对立关系，而是相辅相成的互依关系。继承不反对创新，创新有利于更好地继承。纵观历史，没有传统作为依托，任何创新都难以成功。因此，传统是创新的基础，同时也是中华民族现代文明创新性发展成功的保障。

第二，中华文明的连续性推动传统文明创新性发展。在中华文明的五个突出特性中，"连续性"是第一个突出特性。习近平总书记指出："中华文明具有突出的连续性，从根本上决定了中华民族必然走自己的路。如果不从源远流长的历史连续性来认识中国，就不可能理解古代中国，也不可能理解现代中国，更不可能理解未来中国。"[1]

中华文明是世界古文明中唯一没有中断的文明。早在 100 多年前，中外著名学者便已指出中华文明的独特性和连续性。据现有资料，1902 年，中国近代思想家梁启超在《论中国学术思想变迁之大势》一文中最早提出中华文明是唯一具有连续性的文明。他写道："立于五洲中之最大洲而为其洲中之最大国者，谁乎？我中华也；人口之居全地球三分之一者，谁乎？我中华也；四千余年之历史未尝一中断者，谁乎？我中华也！"[2] 英国著名思想家、哲学家罗素在 1920 年撰写的《中国问题》一书中提出古代中国是"文明实体"的观点，并强调中华文明是人类文明中唯一没有中断的文明。他说："与其把中国视为政治实

---

1 《担负起新的文化使命　努力建设中华民族现代文明》，《人民日报》2023 年 6 月 3 日。
2 　梁启超：《论中国学术思想变迁之大势》，上海古籍出版社 2006 年版，第 1 页。

体还不如把它视为文明实体——唯一从古代存留至今的文明。从孔子的时代以来，古埃及、巴比伦、马其顿、罗马帝国都先后灭亡，只有中国通过不断进化依然生存。"[1]清末民初著名学者辜鸿铭在《中国文明的历史发展》一文中也提到："东洋文明有连续性，而西洋文明则常因为外在文明的入侵而出现波折。"[2]

纵观历史，中华文明的连续性始终推动历史创新性发展，无论如何改朝换代，也无论是哪一个民族统治，中华民族总是能够冲破前进道路上的各种障碍，世世代代，绵延不断。历史上是如此，当代和未来也一样。

第三，中华文明的创新性推动传统文明创新性发展。习近平总书记指出："中华文明具有突出的创新性，从根本上决定了中华民族守正不守旧、尊古不复古的进取精神，决定了中华民族不惧新挑战、勇于接受新事物的无畏品格。"[3]中华文明的发展史是一部不断创新变革的历史。5000多年来，创新和变革是中国的历史常态。创新精神活跃于历史上的各个时期，体现在中华文明的各个方面。中华文明在传承的基础上不断创新，在应对内外环境变化中不断变革。无论是物质文明、制度文明还是精神文明的发展和壮大，都是创新精神驱动的结果。正是因为不断创新和变革，中华文明才能在历史长河中始终保持生机活

1 ［英］罗素：《中国问题》，秦悦译，学林出版社 1996 年版，第 164 页。
2 《辜鸿铭文集》下册，黄兴涛等译，海南出版社 1996 年版，第 294 页。
3 《担负起新的文化使命 努力建设中华民族现代文明》，《人民日报》2023 年 6 月 3 日。

力，成为世界古文明中绵延 5000 多年而不中断的文明。建设中华民族现代文明，必须继承和弘扬先辈的创新精神。中华文明的创新性是传统文明不断发展繁荣的重要因素之一。未来，它仍将在建设中华民族现代文明中发挥作用，推动中华优秀传统文化的创造性转化、创新性发展。

现代化视角：在中国式现代化基础上形成的现代文明

从现代化的角度来看，中华民族现代文明是在中国式现代化基础上形成的现代文明。现代化一般是指工业革命以来人类社会所发生的深刻变化，这种变化包括从传统经济向现代经济、传统社会向现代社会、传统政治向现代政治、传统文明向现代文明等各个方面的转变。中华民族现代文明是在现代化建设的基础上形成发展的。中国式现代化，是中国共产党领导的社会主义现代化，既有各国现代化的共同特征，更有基于自己国情的中国特色。

第一，各国现代化的共同特征是什么？一般认为，现代化是指工业革命以来人类社会各方面发生的变革性变化，即由以农业为主的传统社会向以工业为主的现代社会转换。有学者把从 18 世纪到 21 世纪末的现代化分为两个阶段。第一阶段又称"第一次现代化"阶段，时间是在 1760 年—1970 年。这一阶段的现代化是从农业时代向工业时代、农业经济向工业经济、农业社会向工业社会、农业文明向工业文明的转变过程及其深刻变化；第二阶段又称"第二次现代化"，时间是在 1970 年—21 世纪末。这一阶段的现代化是从工业时代向知识时代、工业经济向知识经济、工业社会向知识社会、工业文明向知识文明的转变过程及其深刻变化。第二次现代化除了一般的现代化模式外，还有一种特殊的模式，即综合现代化的模式。这种模式的特征是"包含两次现代化的内涵"。即 20 世纪 90 年代以来，"第二次现代化代表了世界前沿和发展方向，并扩展到全球。没有完成第一次现代化的国家，必然受到第二次现代化的吸引，并加速向第二次现代化转型。他们可以推动两次现代化的协调发展，集聚两次现代化的精华，降低现代化过程的失误，迎头赶上第二次现代化的未来世界前沿"[1]。

综合归纳学术界的有关研究，现代化的基本特征主要有：工业化、都市化、民主化、法治化、理性化、福利化、信息化、全球化、网络化、智能化、教育普及化、宗教世俗化、知识科学化、社会阶层流动化等。这些特征既是世界各国现代化的基本特征，也是中华民族现代文明的基本特征。

第二，中华民族现代文明与中国式现代化的目标一致。习近平总书记在党的二十大报告中谈到新时代新征程中国共产党的使命任务时强调："从现在起，中国共产党的中心任务就是团结带领全国各族人民全面建成社会主义现代化强国、实现第二个百年奋斗目标，以中国

---

1 何传启：《国家现代化的三条道路》，《科学与现代化》2016 年第 3 期。

式现代化全面推进中华民族伟大复兴。"[1] 可见，全面建成社会主义现代化强国和实现中华民族伟大复兴是一致的，既是第二个百年奋斗目标，也是中国式现代化的基本目标。中华民族现代文明随着社会主义现代化强国的全面建成而形成，同时也将随着中华民族伟大复兴的梦想实现而形成。中华民族现代文明是与社会主义现代化强国相适应的文明，是与中华民族伟大复兴相一致的文明。

随着社会主义现代化强国的全面建成和中华民族伟大复兴的实现，新的文明无疑也会随之形成，这种新的文明就是中华民族现代文明。也就是说，中华民族现代文明形成的时间与全面建成社会主义现代化强国的时间应该是一致的，与中华民族伟大复兴的实现时间也应该是同步的。按照党的二十大报告的时间安排："全面建成社会主义现代化强国，总的战略安排是分两步走：从二〇二〇年到二〇三五年基本实现社会主义现代化；从二〇三五年到本世纪中叶把我国建成富强民主文明和谐美丽的社会主义现代化强国。"[2] 由此，有理由认为，中华民族现代文明的形成时间应在 21 世纪中叶。

综上所述，从现代化的角度来看，现代文明是现代化的结果，也是在现代化基础上形成的文明，中华民族现代文明与中国式现代化的

1　习近平：《高举中国特色社会主义伟大旗帜　为全面建设社会主义现代化国家而团结奋斗——在中国共产党第二十次全国代表大会上的报告》，人民出版社 2022 年版，第 21 页。
2　习近平：《高举中国特色社会主义伟大旗帜　为全面建设社会主义现代化国家而团结奋斗——在中国共产党第二十次全国代表大会上的报告》，人民出版社 2022 年版，第 24 页。

目标是一致的。因此，中华民族现代文明是在中国式现代化基础上形成的文明。

文化视角：在中国特色社会主义文化基础上形成的现代文明

文明是在文化基础上形成的，中华民族现代文明是在中国特色社会主义文化基础上形成和发展的现代文明。

第一，文明是在文化基础上形成的。对此，我们首先必须明确文明与文化的关系。关于文明与文化的关系，学术界主要有如下三种意见：一是文化和文明没有多大差别，甚至可以说，两者是同义的。不少人类学家和社会学家持这种意见，尤其是在 19 世纪的法国和英国学术界，认为两者的意义几乎等同，"文明"一词的"意义精确地或几乎精确地等同于'文化'"[1]。二是文化包括文明，即文化所包含的概念要比文明更加广泛。不少学者认为，文明是文化的高级形式。文明是在文字出现、城市形成、国家形成之后形成的。尤其在历史学和考古学界，学者普遍认为文明是较高的文化发展阶段。国外一些百科全书称"高级的文化就是文明"[2]。三是文化和文明是属性不同的两个部分。有些学者认为，文明是物质文化，文化是精神文化。在 20 世纪之前，德国传统的看法普遍认为，文化包括人的价值、信仰、道德、理想、

---

1 ［美］菲利普·巴格比：《文化：历史的投影》，夏克等译，上海人民出版社 1987 年版，第 190 页。
2 中共中央党校科社教研室编译：《文明与文化：国外百科辞书条目选译》，求实出版社 1982 年版，第 85 页。

艺术等因素；而文明仅包括技术、技巧和物质的因素。比如，德国文化社会学家艾尔夫雷德·韦伯认为："文化与文明的分别，便是文明是'发明'出来的，而文化是'创造'出来的。发明的东西可以传授，可以从一个民族传授到另一个民族，而不失其特性；可以从这一代传到那一代，而依然保存其用途。凡自然科学及物质的工具等等，都可目为文明。""文化既是创造的，所以它是一个地方一个时代的民族性的表现，只有在一定时间与空间内，能保存其原有的意义，别个地方的人，如抄袭过去，总会把原意失去的。凡宗教、哲学、艺术等，都是属于文化一类的。"[1]

笔者认为，第二种观点较为科学，即广义的文化概念包括文明，文化与文明二者的区别主要表现在如下几方面：一是文化通常与自然相对应，而文明一般与野蛮相对应。二是从时间上来看，文化的产生早于文明的产生，可以说，文明是文化发展到一定阶段才形成的。文明的形成与文字出现、城市形成和国家的形成密切相关。学术界一般把文明看作文化的高级形式。三是从空间上来看，文明没有明确的边界，它是跨民族的、跨国界的；而广义的文化泛指全人类的文化，狭义的或相对性的文化是指某一民族或族群、社群的文化。四是从承载者的角度来看，文化的承载者是民族或族群，每个民族或族群都有属

1　吴景超：《德国社会学》，《清华学报》第 10 卷第 1 期。转引吴景超：《建设问题与东西文化》，《独立评论》1935 年第 139 号。

于自己的文化。但文明不同，其承载者是一个地域，一个文明地域可能包含若干个民族或多个国家。比如西方文明，包括众多的信奉基督教的国家。五是从词义来看，"文化"是中性的，使用范围很广；而文明是褒性的，使用范围较窄。例如，可以说酒文化、食文化、服饰文化，但一般不说"酒文明"、"食文明"和"服饰文明"。

综上所述，文明是在文化基础上形成的。因此，中华民族现代文明也必然是在中国特色社会主义文化基础上形成的现代文明。

第二，中国特色社会主义文化是现代文明形成的基础。中国特色社会主义文化包含哪些内容？党的十九大报告指出："中国特色社会主义文化，源自于中华民族五千多年文明历史所孕育的中华优秀传统文化，熔铸于党领导人民在革命、建设、改革中创造的革命文化和社会主义先进文化，植根于中国特色社会主义伟大实践。"[1]习近平总书记在庆祝中国共产党成立95周年大会上指出："在5000多年文明发展中孕育的中华优秀传统文化，在党和人民伟大斗争中孕育的革命文化和社会主义先进文化，积淀着中华民族最深层的精神追求，代表着中华民族独特的精神标识。"[2]可见，中国特色社会主义文化包含中华优秀传统文化、革命文化和社会主义先进文化。

中华优秀传统文化、革命文化和社会主义先进文化三者是传承和

---

1 《习近平谈治国理政》第3卷，外文出版社2020年版，第32页。
2 《习近平谈治国理政》第2卷，外文出版社2017年版，第36页。

发展的关系，是互相交融、相辅相成的。三种文化是中华民族在不同奋斗历程中孕育的产物，联结着中华民族的过去、现在和未来，贯穿着中华民族共同的核心价值，蕴含着中华民族统一的理想信念，凝聚着中华民族强大的精神力量。

中华优秀传统文化是中华民族的根与魂，是中华文明连续不断和永续发展的牢固纽带，具有强大的生命力和向心力，是凝聚中华民族最坚实的内在根基，是建设中华民族现代文明的根本。革命文化是在中华优秀传统文化基础上发展而成的文化，是中国共产党人在抵御外敌入侵、争取民族独立和人民解放及国家富强过程中形成的文化，是马克思主义同中国革命实践相结合的伟大成果，是百年党史独特的文化基因。革命文化铸就了一系列伟大精神，如伟大建党精神、井冈山精神、长征精神、延安精神、抗战精神、西柏坡精神等，成为建设中华民族现代文明的精神动力。社会主义先进文化是在社会主义革命、建设和改革实践探索中形成的先进文化，也是马克思主义基本原理同中国具体实际相结合、同中华优秀传统文化相结合的结晶。它立足中华优秀传统文化和当代中国国情，借鉴世界各国一切优秀文明成果，代表了中国文化的前进方向，反映了人类文明发展的历史潮流，是一种面向现代化、面向世界、面向未来的文化。社会主义先进文化不仅具有当代意义、中国意义，同时具有世界意义、历史意义，为建设中华民族现代文明奠定了坚实基础。

全球视角：人类文明新形态

从全球视角来看，中华民族现代文明是一种人类文明新形态。人类文明新形态这一概念，是习近平总书记在庆祝中国共产党成立100周年大会上提出来的，习近平总书记指出："我们坚持和发展中国特色社会主义，推动物质文明、政治文明、精神文明、社会文明、生态文明协调发展，创造了中国式现代化新道路，创造了人类文明新形态。"[1]在党的二十大报告中，习近平总书记两次提及人类文明新形态，第一次是在第一部分"过去五年的工作和新时代十年的伟大变革"中指出在以中国式现代化全面推进中华民族伟大复兴进程中，不断丰富和发展人类文明新形态；第二次是在第三部分"新时代新征程中国共产党的使命任务"中谈到把创造人类文明新形态作为中国式现代化的9个本质要求之一。

为什么说中华民族现代文明是一种人类文明新形态？"新"在什么地方？其与西方现代文明有什么不同？

第一，人类文明新形态的形成基础与西方文明不同。从形成基础来看，人类文明新形态是在古代中华文明基础上的创造性转化、创新性发展。

作为世界四大文明古国之一，中国曾经创造了光辉灿烂的古代文明。四大文明是原生文明，是独立产生、形成和发展而来的，各有其

---

1 《习近平谈治国理政》第4卷，外文出版社2022年版，第10页。

明显的特征。中华文明因与其他文明发源地的自然环境不同、经济生活不同、民族不同等，故而古代中华文明与其他古文明之间存在较大差异。古代中华文明与古巴比伦、古埃及、古印度等世界古文明的发展方式不同，特征十分明显，从而形成具有明显特色的古代人类文明形态。古代中国人不仅创造了世界一流的物质文明，而且创造了世界领先的制度文明和精神文明，并对世界文明发展产生了深远影响。当代中国人继承和弘扬祖先的创新精神，在古代中华文明的基础上创新，既遵循人类文明发展的一般规律，也遵照自身文明历史发展的特殊逻辑，推动中华文明从古典向现代转型，形成了人类文明新形态。

综上所述，中华民族现代文明是在传统文明基础上的创新性发展。与当代西方文明的形成基础完全不同。一般认为，当代西方文明的来源主要有三种：一是希腊罗马文明，又称古典文明；二是中世纪文明，又称基督教文明；三是西方文艺复兴之后形成的现代文明。可见，中华民族现代文明与当代西方文明的形成基础不同。

第二，人类文明新形态的性质与西方文明不同。从文明的基本性质来看，中华民族创造的人类文明新形态的性质与西方文明不同。

中华民族现代文明形态的显著特征是社会主义，是以社会为本、以人民为中心的文明；西方现代文明形态的显著特征是资本主义，是以资本为本、以资本家为中心的文明。虽然人类现代文明形态最早是在资本主义社会中产生和发展的，但人类历史上的文明形态不是一种，现代文明形态也是多样的，资本主义文明形态只不过是其中一种。中国共产党带领全国各族人民创造的人类文明新形态与西方资本主义现代文明形态具有本质的差别，是具有社会主义特色的崭新的文明形态。

第三，人类文明新形态处理国与国关系的方式与西方文明不同。从处理文明之间关系的方式来看，中华民族创造的人类文明新形态是崇尚和平、协和万邦、包容性很强的文明。

中华民族是追求和平的民族，中华文明是崇尚和平的文明，主张协和万邦，国家之间应友好往来、和睦相处。孙中山先生曾指出："爱和平就是中国人的一个大道德，中国人才是世界中最爱和平的人。"[1]"中国人几千年酷爱和平，都是出于天性，……这种特别的好道德，便是我们民族的精神。"[2]古代思想家提出的以和为贵，与人为善，己所不欲、勿施于人等理念在中国代代相传，深深植根于中国人的精神中，深深体现在中国人的行为上。无论是古代还是现代，亲仁善邻、协和万邦都是中华文明一贯的处世之道。

中华文明具有很强的包容性。习近平总书记指出："中华文明具有突出的包容性，从根本上决定了中华民族交往交流交融的历史取向，决定了中国各宗教信仰多元并存的和谐格局，决定了中华文化对世界

---

1 《孙中山全集》第9卷，中华书局1986年版，第230页。
2 《孙中山全集》第9卷，中华书局1986年版，第246—247页。

文明兼收并蓄的开放胸怀。"[1] 英国著名哲学家、思想家罗素认为："欧洲人的人生观却推崇竞争、开发、永无平静、永不知足以及破坏。导向破坏的效率最终只能带来毁灭，而我们的文明正在走向这一结局。"[2] 陈独秀认为中国人是以和平为本位的民族，他曾说："西洋民族以战争为本位，东洋民族以安息为本位。"[3]

中华民族创造的人类文明新形态是崇尚和平、协和万邦、包容性很强的文明，和平、和合、和睦、和谐的追求深深植根于中华民族的精神世界之中，深深融化在中国人民的血脉之中。人类文明新形态有利于构建人类命运共同体、维护世界和平。

中华民族在历史上创造了源远流长、博大精深、世代延续、影响世界的文明，在当代和未来，中华民族也一定能够在传统文明的基础上创造自成一体、光耀全球、造福人类、永续发展的现代中华文明。

---

1 《担负起新的文化使命　努力建设中华民族现代文明》，《人民日报》2023 年 6 月 3 日。
2 ［英］罗素：《中国问题》，秦悦译，学林出版社 1996 年版，第 7—8 页。
3 《陈独秀文集》第 1 卷，人民出版社 2013 年版，第 126 页。

深刻把握中华文明突出特性 建设中华民族现代文明

钟君 [*]

---

[*] 湖南省社会科学院（湖南省人民政府发展研究中心）党组书记、院长（主任）、研究员。

党的十八大以来，以习近平同志为核心的党中央高度重视社会主义文化建设，习近平总书记多次做出重要讲话和重要部署，指引社会主义文化强国建设不断走向深入。在文化传承发展座谈会上，习近平总书记对中华文明的突出特性进行了深入阐释，强调要坚定文化自信、担当使命、奋发有为，共同努力创造属于我们这个时代的新文化，建设中华民族现代文明。习近平总书记关于深刻把握中华文明突出特性、建设中华民族现代文明的重要论述，为走好中国式现代化这条强国建设、民族复兴的康庄大道，提供了宏阔悠久的历史视野、深邃通达的哲学智慧、高明博厚的价值引导、无比强大的精神力量。

正确认识和准确理解中华文明的突出特性

当今世界，文化交流、交融、交锋之势前所未有。如何认识、保持和增强各文化的主体性，成为各个国家和民族最关切的问题之一。博大精深的中华文明是中华民族独特的精神标识。如何正确认识和准确理解中华文明的突出特性，决定着我们以何种眼光看待中华民族的昨天、今天与明天。习近平总书记关于中华文明具有突出的连续性、创新性、统一性、包容性与和平性的重要论述，对于坚持和增强中华文明主体性，强化中华民族的文化认同和文化自信具有极其重要的意义。五个突出特性互相联系、互相影响，共同构成了中华民族独特的精神气韵。

中华文明具有突出的连续性。源浚者流长，根深者叶茂。中华文明历尽沧桑而薪火相传、延绵不绝，是世界上唯一延续至今、未曾中断的文明。习近平总书记指出，中华文明具有突出的连续性，从根本上决定了中华民族必然走自己的路，如果不从源远流长的历史连续性来认识中国，就不可能理解古代中国，也不可能理解现代中国，更不可能理解未来中国。这不仅准确指出了中华文明相较于世界其他文明体从未中断的独有的连续性，也深刻揭示了中华文明面向未来、绵延不断的蓬勃生命力。

中华文明具有突出的创新性。革故鼎新、与时俱进是中华文明永恒的精神气质。《周易》云："革，去故也；鼎，取新也。"后演化为成语"革故鼎新"。《诗经》说："周虽旧邦，其命维新。"自古以来，中华文明在继承创新中不断发展，在应时处变中不断升华，积淀着中华民族最深沉的精神追求，是中华民族生生不息、发展壮大的丰厚滋养。面对发展过程中的各种问题，中华民族总是不惧新挑战、勇于接受新事物，以"治世不一道，便国不法古"的改革精神，改易更化、革故鼎新，不断赋予中华文明以新的生命力。

中华文明具有突出的统一性。秦统一六国后，实行"书同文、车同轨、度同制、行同伦"。西汉时期，形成了较为成熟的大一统政治理念，认为"大一统者，天地之常经，古今之通谊也"。可以说，一部中国史，就是一部各民族交融汇聚成多元一体中华民族的历史，就是各民族共同缔造、发展、巩固统一的伟大祖国的历史。古往今来，中华儿女格外重视国家的统一，个人、家庭的命运与国家、民族的命运始终紧紧联系在一起，使得中华民族即使遭遇重大挫折也牢固凝聚。统一始终是中国历史的主流，国土不可分、国家不可乱、民族不可散、文明不可断的共同信念始终是中华民族根深蒂固的情结，是中华文明最重要的内在规定。

中华文明具有突出的包容性。文明因多样而交流，因交流而互鉴，因互鉴而发展。历史上，生活在中华大地上的各个民族你中有我、我中有你，彼此交往、交流、交融，在文化上兼收并蓄，在经济上相互依存，在情感上相互亲近，相互了解、相互尊重、相互包容、相互欣赏、相互学习、相互帮助，像石榴籽一样紧紧抱在一起，形成了中华民族多元一体格局，凝聚成中华民族共同体。中华文明以兼收并蓄的开放胸怀，在与其他不同文明的不断交流互鉴中，既繁荣发展了自身，也推动了人类文明发展。

中华文明具有突出的和平性。中华民族追求和平，文化血液中没有侵略他人、称王称霸的基因，讲求与邻为善、以邻为伴，历史上一直与周边民族和睦相处、友好往来。中华文明主张"和而不同"，曾长期是周边国家倾慕、向往和学习的对象。今天的中华文明日益凸显人类文明新形态的独特价值，致力于维护和推动世界和平发展，刻在骨子里的和平基因，使得中国正如习近平总书记所指出的，"中国这头狮子已经醒了，但这是一只和平的、可亲的、文明的狮子"[1]。

深刻把握中华文明的突出特性，涵育中华民族现代文明

文明立世，文化兴邦。建设中华民族现代文明，是习近平总书记关于文化建设的最新重大论断。中华文化源远流长，中华文明博大精深。中国式现代化赋予中华文明以现代力量，中华文明赋予中国式现代化以深厚底蕴。只有深刻把握中华文明的突出特性，深度挖掘中华文化精华，推动中华优秀传统文化创造性转化、创新性发展，不断涵育中华民族现代文明，才能为中国式现代化提供更加广阔的历史视野、更加深厚的哲学智慧、更加丰富的价值引导和更加强大的文化支撑。

深刻把握中华文明突出的连续性，深入挖掘中华文化精华。连续性是中华文明区别于世界其他文明最显著的特征之一，决定了建设中华民族现代文明必须立足于自身国情，坚定不移走自己的路。党的十八大以来，我们党成功推进和拓展了中国式现代化，中国式现代化是赓续古老文明的现代化，而不是消灭古老文明的现代化；是从中华大地生长出来的现代化，而不是照搬照抄其他国家的现代化；是文明更新的结果，而不是文明断裂的产物。中华优秀传统文化中蕴含的天下

1　习近平:《出席第三届核安全峰会并访问欧洲四国和联合国教科文组织总部、欧盟总部时的演讲》，人民出版社 2014 年版，第 25 页。

为公、民为邦本、为政以德、革故鼎新、任人唯贤、天人合一、自强不息、厚德载物、讲信修睦、亲仁善邻等历史智慧极大地涵育了中华民族现代文明，赋予中国式现代化以深厚底蕴。

深刻把握中华文明突出的创新性，实现中华优秀传统文化创造性转化、创新性发展。创新性是中华文明的内在基因，决定了中华民族守正不守旧、尊古不复古的进取精神，决定了中华民族不惧新挑战、勇于接受新事物的无畏品格。中国式现代化就是中国共产党带领中国人民走出的创新之路。中国共产党人坚持守正创新，以"结合"这一基本的创新方式，把马克思主义思想精髓同中华优秀传统文化精华贯通起来，不断推出党的创新理论成果，既不断谱写了马克思主义中国化时代化的新篇章，也使传统中华文明换羽新生，开创了一条不同于西方现代化的中国式现代化道路。以中华优秀传统文化中的"苟日新，日日新，又日新""终日乾乾，与时偕行""化而裁之谓之变，推而行之谓之通""明者因时而变，知者随事而制"等思想传统不断涵育中华民族现代文明的创新品格，才能为不断开辟马克思主义中国化时代化新境界、推进中国式现代化提供守正创新的不竭动力。

深刻把握中华文明突出的统一性，铸牢中华民族共同体意识，为涵育中华民族现代文明、推进中国式现代化凝聚民族复兴的磅礴力量。统一性是中华文明的内在规定，决定了国家统一永远是中国核心利益的核心，决定了一个坚强统一的国家是各族人民的命运所系。中国式现代化既是中国共产党团结带领各族人民团结一心奋斗的结果，也是必须在团结一心奋斗中才能实现的目标。以中华优秀传统文化中的"天下一统""天下归一""大一统者，天地之常经，古今之通谊也"等内在规定不断涵育中华民族现代文明，才能为推进中国式现代化找到最大公约数、画出最大同心圆，不断凝聚实现民族复兴的磅礴力量。

深刻把握中华文明突出的包容性，坚持兼收并蓄，积极主动地学习借鉴世界一切优秀文明成果。现代化的道路不止一条，中国式现代化要靠各民族同心同向，离不开社会和谐稳定大局，以中华优秀传统文化中"有容，德乃大""以大度兼容，则万物兼济""德足以怀远，信足以一异，义足以得众""和而不同""和羹之美，在于合异"等伦理特质不断涵育中华民族现代文明，使中国式现代化在包容四海中汇聚百川之力，在兼收并蓄中交流互鉴发展。

深刻把握中华文明突出的和平性，坚持胸怀天下。和平性是中华文明的价值取向，决定了中国始终是世界和平的建设者、全球发展的贡献者、国际秩序的维护者，决定了中国不断追求文明交流互鉴而不搞文化霸权。不同于充满了暴力、侵略和掠夺的西方现代化，中国式现代化是走和平发展道路的现代化，坚持和平、和合、和睦、和谐的价值追求，坚持合作共赢不搞零和博弈，不仅希望自己发展得好，也希望世界各国人民都能拥有幸福安宁的生活。以中华优秀传统文化中"天下大同""协和万邦""亲仁善邻""以和为贵""强不执弱，富不侮贫"的价值取向不断涵育中华民族现代文明,才能使中国式现代化始终坚持"美美与共、天下大同",与世界各国人民一道共同推动构建人类命运共同体。

以习近平新时代中国特色社会主义思想为指导,建设中华民族现代文明

在 5000 多年中华文明深厚基础上开辟和发展中国特色社会主义,把马克思主义基本原理同中国具体实际、同中华优秀传统文化相结合是必由之路。这是我们在探索中国特色社会主义道路中得出的规律性认识,是我们取得成功的最大法宝。习近平总书记指出:"'第二个结合'是又一次的思想解放,让我们能够在更广阔的文化空间中,充分运用中华优秀传统文化的宝贵资源,探索面向未来的理论和制度创新。"[1]这是我们党对马克思主义中国化时代化历史经验的深刻总结,对中华文明发展规律的深刻把握,表明我们党在传承中华优秀传统文化中推进文化创新的自觉性达到了新高度。建设中华民族现代文明是坚持"两个结合"的必然要求,这让马克思主义成为中国的、中华优秀传统文化成为现代的,让中国特色社会主义道路有了更加宏阔深远的历史纵深,拓展了中国特色社会主义道路的文化根基,巩固了中国式现代化的文化主体性。

习近平新时代中国特色社会主义思想,是当代中国马克思主义、

---

1 《担负起新的文化使命 努力建设中华民族现代文明》,《人民日报》2023 年 6 月 3 日。

二十一世纪马克思主义，是中华文化和中国精神的时代精华。习近平新时代中国特色社会主义思想逻辑严密、内涵丰富，系统全面、博大精深，贯通马克思主义哲学、马克思主义政治经济学、科学社会主义，贯通历史、现实和未来，贯通改革发展稳定、内政外交国防、治党治国治军各领域，既坚持了老祖宗，又讲了很多新话，为丰富和发展马克思主义作出了原创性贡献，为传承发展中华优秀传统文化作出了历史性贡献，为推动人类文明进步事业作出了世界性贡献。

文化兴则国运兴，文化强则民族强。新时代新征程，面对前进路上的"拦路虎""绊脚石"，复兴途中的"娄山关""腊子口"，我们要深入学习贯彻习近平新时代中国特色社会主义思想，更加深刻领悟"两个确立"的决定性意义，增强"四个意识"、坚定"四个自信"、做到"两个维护"，坚定文化自信、增强文化自觉，以更加强烈的历史主动精神，担当使命、奋发有为，共同努力创造属于我们这个时代的新文化，建设中华民族现代文明，为推进中国式现代化、实现中华民族伟大复兴的中国梦提供更加强大的价值引导力、文化凝聚力、精神推动力。

深入研究阐释建设中华民族现代文明的丰富内涵

张森[*]

---

[*] 中国政法大学光明新闻传播学院教授。

习近平总书记在文化传承发展座谈会上提出并阐释了"建设中华民族现代文明"的重大命题，为新时代文化建设指明了方向。要将这一历史任务落到实处，须在进一步深刻把握习近平总书记关于传承中华文明重要思想的基础上，明确建设中华民族现代文明的核心要义。

建设中华民族现代文明的提出标志着习近平总书记关于传承中华文明的重要论述再上新高度

习近平总书记关于传承中华文明的重要论述是一个关于中华文明的本体论、价值论和实践论"三位一体"的系统体系，既彰显了中国道路的"文明基因"，又志在为全世界不同文明间的互鉴共存提供"中国答案"。

习近平总书记始终从人类文明发展的高度阐释"中国何以走上今天的道路，中国必然走上今天的道路"这一根本命题，体现出鲜明的文明自信和文明自觉。习近平总书记强调，中国今天所走的中国特色社会主义道路，是与5000多年中华文明分不开的。作为人类历史上唯一一个绵延5000多年至今未曾中断的灿烂文明，中华文明有着旺盛且坚韧的生命力。

中华民族现代文明是马克思主义基本原理同中华优秀传统文化相结合的产物。建设中华民族现代文明的提出，一方面，彰显了"自古以来，中华文明在继承创新中不断发展，在应时处变中不断升华"的精神内核。虽然中华文明源远流长而又独具一格，但绝不意味着中华文明是封闭的文明。中华文明自古就以开放包容闻名于世，在同其他文明的交流互鉴中不断焕发新的生命力。另一方面，也是全球化时代，作为文明大国的中国为世界所做出的新的文明贡献。人类社会由文明所构建，一个国家和民族在国际社会中的地位也是由其向人类社会所提供的文明决定的。全球化时代，各国各民族之间的交往交流愈加频繁，冲突和摩擦也在加剧。相对于西方国家提出的"文明冲突论"，习近平总书记通过强调弘扬中华文明蕴含的全人类共同价值，弘扬平等、互鉴、对话、包容的文明观，引发了国际社会的强烈反响，成为世界和平的压舱石。要而言之，建设中华民族现代文明的提出集中体现了习近平总书记对中华文明发展规律的深刻把握，是习近平总书记关于传承中华文明重要论述的自然延续，表明以习近平同志为核心的党中央的历史自信、文化自信以及在传承中华优秀传统文化中推进文化创新的自觉性达到了新高度。

深入研究阐释建设中华民族现代文明的丰富内涵，关键要做到"四个说清楚"

中华文明是生长在中国土地上的文明。千百年来，中华儿女因应自然、"在泥土里刨生活"，形成了一系列生产生活的知识、为人处世的规范以及社会运行的制度，构成了中华文明的底色。与此同时，中华文明的成长、成熟离不开文明的建构和塑造。中华文明的第一次建构期发生在 2000 多年前的春秋战国时期。诸子百家在对先前一切器物和精神文明形态加以总结、概括和提炼的基础上，提出"仁爱""无为""非攻""法治"等概念，提供了中华文明的一个完整的思想体系，既建构和塑造了中华民族整体人格的文明性，也把中国建构和塑造成一个文明型国家。这是中华民族古代文明成熟的标志。

建设中华民族现代文明的提出，标志着中华文明进入新的建构期。第一次建构期处于"前全球化"时代，主要任务是中华文明自身的成长、成熟。新的建构期则要面对世界范围内的"文明他者"。能否形成中华文明的独特概念体系、话语体系，与其他文明平等交流互鉴的同时，从容应对文明间的竞争乃至冲击是中华民族现代文明是否走向成熟的标志。循此思路，在建设中华民族现代文明过程中，关键是做到"四个说清楚"。

一是把现代化不等于西方化、现代文明不等于西方文明说清楚。有观点认为，所谓现代化，就是缘起于西方的社会生活和组织结构模式在全世界范围内扩散开来的过程。这种观点隐含着以西方现代性为典范的取向，将现代化等同于西方化，将世界其他国家的现代化过程视作"后发国家"向西方"先进国家"学习或效仿的过程，谬之大矣。现代化即人类社会从传统社会向现代社会的转型。客观上，当今世界的现代化进程受到了西方的影响，但那是西方列强殖民扩张的结果，绝不意味着没有殖民扩张就没有现代化。事实上，包括中国在内的世界许多国家和地区早在西方国家殖民扩张之前已经有了现代化的雏形，只不过后来因为西方列强的入侵而横遭中断。相应的，现代文明当然也不等同于西方文明。如前所述，文明是各个国家和地区面对周围环境的"挑战"所做出的"应战"与适应。环境不同，文明形态就不同。各文明无不闪烁着璀璨光芒，为各国现代化赋予了特质、积蓄了力量。

二是把马克思主义基本原理同中华优秀传统文化的彼此契合说清楚。马克思主义虽是"舶来品"，和中华优秀传统文化的来源不同，但二者存在高度的契合性。习近平总书记指出："马克思主义传入中国后，科学社会主义的主张受到中国人民热烈欢迎，并最终扎根中国大地、开花结果，决不是偶然的，而是同我国传承了几千年的优秀历史文化和广大人民日用而不觉的价值观念融通的。"[1]中国人民在长期生产生活中积累的宇宙观、天下观、社会观、道德观，同马克思主义价值观主张具有高度契合性。马克思主义树立了共产主义的远大理想，这与中华传统文化自古有之的"大同"理想也是高度契合的。毛泽东同志在《论人民民主专政》中就用"大同"一词阐释共产主义，他指出，中国要"到达社会主义和共产主义，到达阶级的消灭和世界的大

---

1 《习近平著作选读》第 2 卷，人民出版社 2023 年版，第 278 页。

同"[1]。实践中一定要把马克思主义基本原理同中华优秀传统文化的彼此契合说清楚。只有相互契合才能有机结合，才能互相成就。

三是把中国式现代化与中华文明的关系说清楚。习近平总书记在文化传承发展座谈会上的重要讲话中指出："中国式现代化赋予中华文明以现代力量，中华文明赋予中国式现代化以深厚底蕴。"[2]这一重要论述，深刻阐明了二者相互融通、彼此推进的内在逻辑。中国式现代化所面对的是一个拥有14亿多人口的大国整体迈进现代化的问题，这是人类历史上空前伟大、前无古人的壮举。这决定了中国式现代化既有各国现代化的共同特征，更有基于自己国情的中国特色。中华文明具有突出的连续性决定了中国式现代化是深深扎根于中国大地、赓续中华文明的现代化。中华民族在长期奋斗中开展的精神活动、进行的理性思维、创造的文化成果始终滋养着中华民族的永续发展，为中国式现代化提供着深厚的文化底蕴。对历史最好的继承，就是创造新的历史；对人类文明最大的礼敬，就是创造人类文明新形态。把马克思主义基本原理同中国具体实际、同中华优秀传统文化相结合，造就了一个有机统一的新的文化生命体，这让马克思主义成为中国的，同时也让中华优秀传统文化成为现代的，让经由"结合"而形成的新文化成为中国式现代化的文化形态，中华文明也焕发出了勃勃生机和活力。

---

1 《毛泽东选集》第 4 卷，人民出版社 1991 年版，第 1471 页。
2 《担负起新的文化使命　努力建设中华民族现代文明》，《人民日报》2023 年 6 月 3 日。

四是把中华民族现代文明之于当今世界的贡献说清楚。随着全球化进程的深化，各文明之间的交往交流日益频繁，竞争和冲突也在增加。本质上，这既是以扩张性和竞争性为内里的西方文明蔓延和扩展的必然结果，也昭示着西方文明所遭遇的困境和难以为继。马克思主义诞生于西方文明内部，是在批判资本主义文明的基础上形成的。中华文明具有突出的和平性，集中体现在中华文化中源远流长的"和合"理念，这从根本上决定了中国始终倡导各国各民族之间文明的多样性，致力于加强相互间的交流、学习和借鉴，而不是相互隔绝、排斥甚至试图取代。二者结合所形成的中华民族现代文明，必将成为人类社会应对共同挑战、迈向美好未来的文化文明力量。"把我国标准、规则、理念推出去，逐步形成一套带有中国印记的多边治理规则"，既是文化软实力建设的需要，也是中国作为大国履行全球责任的体现。习近平总书记指出："今日之中国，不仅是中国之中国，而且是亚洲之中国、世界之中国。"[1]在世界文明体系进行代际转化和更替的重要历史时刻，中国也应以更加从容开放的姿态面向世界，以独具一格的文明成就贡献世界。中国应该向世界提供包括思想、观念、秩序、规则等在内的一整套文明体系，向人类社会贡献一种文明新形态，这也是中国成为一个文明大国的显著标志。

1　习近平：《深化文明交流互鉴　共建亚洲命运共同体——在亚洲文明对话大会开幕式上的主旨演讲》，人民出版社 2019 年版，第 10 页。

中华民族现代文明是中华优秀传统文化同马克思主义基本原理相结合的产物，既体现了中华文化的兼收并蓄和旺盛生命力，又体现了马克思主义的中国化时代化具有扎实的现实基础。深入研究阐释建设中华民族现代文明的丰富内涵，要做到"四个说清楚"，这将有助于推动全社会的文明自觉，强化文明认同，最终促进文明的发展。

推进文化强国建设的中国逻辑

范玉刚 [*]

---

* 山东大学文艺美学研究中心特聘教授、博士生导师。

党的二十大报告指出，全面建成社会主义现代化强国，总的战略安排是分两步走：从 2020 年到 2035 年基本实现社会主义现代化；从 2035 年到本世纪中叶把我国建成富强民主文明和谐美丽的社会主义现代化强国。到 2035 年，我国发展的总体目标，包含了建成教育强国、科技强国、人才强国、文化强国、体育强国、健康中国，国家文化软实力显著增强。作为党和国家的一种战略安排，文化强国建设要在强国建设总体进程中发挥价值先导和目标引领作用，而且建成文化强国又有着中国现代化发展的目标指向和重要意义，从而使中国成为人类文明进步的典范——具有更广辐射性和普遍性而着眼于全人类解放和福祉的社会主义文明形态。基于笔者的观察和思考，随着文化强国战略的深入实施，当前有的人对文化强国建设理念、目标和价值诉求等方面存在一定的认知误区。厘清这些认知误区，不仅有助于文化强国建设实践朝着正确的方向前进，在调动全社会力量中形成思想共识，还可以切实保障文化强国建设在中国特色社会主义事业总体布局中发挥重要作用。

文化强国建设理念：重心应落在增强文化价值感召力上

2035 年建成文化强国既是党和国家的战略部署，也是民心所向和社会共识。那么在实践中，所谓文化强国到底是指文化繁荣兴盛与文化价值感召力强大的国家，还是以文化产业发达来赋能国家使之强大？文化强国建设的重心是应落在价值感召力的强大上，还是文化产业的发达上？厘清文化强国建设理念上存在的认知误区，有助于动员全社会力量推进文化强国建设，在合力形成文化繁荣兴盛、文艺大师大作不断涌现的新发展格局中焕发强大的文化价值感召力，使中国成为以社会性成长崛起的世界大国典范。

第一，对文化强国理念的认知直接影响建设路径的选择。文化强国建设认知上的偏颇不仅关乎对待文化的态度（目的与手段之别），更关涉文化强国建设的思路和路径选择，甚至有可能在实践中把文化强国建设引向歧路。文化强国建设过度倚重文化的外向度力量，过于追求文化产业经济价值的积累与扩张，而忽视文化内向度价值感召力的增强与对精神文明的引领作用，这不仅有可能误导文化强国建设偏离社会主义文明的价值追求，还有可能使其背离5000年未曾中断的中华文明赓续的价值底蕴。对于此认知误区，需要在实践中高度警惕。

第二，对文化强国建设理念的认知误区，还会影响到对文化强国中"文化"与"强国"之间关系的理解。在笔者看来，文化强国中的"文化"既是修饰词也是目的，而且富含本体论价值，是指要以中华文化繁荣兴盛为目的而非单纯以文化产业的发达来指征中国的强大，它意味着中国的强大乃是一种文化精神或文明的伟大，最终一定体现在中华文化的价值感召力与广泛的国际认同感上，其重心落在内向度的文明价值，而不是所谓外向度的文化产业力量上。唯此，建成文化强国才能真正实现中华文化由对世界进步的贡献者向人类文明跃升的引领者的角色转变。

为此，应抓住机遇、乘势而上，扎实推进社会主义文化强国建设。一是引领文化强国建设注重价值创新、社会福祉和人民的文化权益保障。文化是国际交往、民心相通和实现价值共享的基础，以艺通心，更易沟通世界，文化认同意味着对人心的俘获。在整合全社会力量中通过把文化发展与文明创造关联起来，引导国家建设和社会发展不仅注重物质财富的增长和积累，而且更加注重全民族文明素质的提升，从而诉诸于一种能够赢得国际社会广泛尊重和认同的社会性成长，这是中国文明型崛起的路径选择。随着中国日益走近世界舞台中央，中国积极倡导以文明交流超越文明隔阂、以文明互鉴超越文明冲突、以文明共存超越文明优越，这一文化理念受到国际社会的广泛赞誉和越来越多国家的认同。

二是文化强国建设应始终注重文化价值感召力和文明价值的普遍性表达，及其对世界文化发展方向的引领。一方面，立足世界秩序更迭，从中国的现代性视域和中国现代化诉求目标来看，当代中国的文化强国建设应把重心落在加强文化价值的道德感召力上，力求以践行社会主义核心价值观推动社会文明程度新提高。对内不断增强社会的凝聚力和向心力，对外有效增强社会主义先进文化的辐射力，从而在世界舞台上形成中华文化强大的价值感召力。立足新时代新方位，中国建设的社会主义文化强国，既不是曾经历史上某种辉煌的回响，也不同于现实中张扬外向度力量的美国文化霸权。究其文化产业的时代使命担当，其与文化强国的内在关联也必然要求把重心落在文化传承、价值传播与文化创新上，这使得文化产业成为思想价值创新的蓄水池，在形成社会创新文化导向中发挥积极促进作用。

另一方面，当代中国的文化强国是在本体论和形而上的目的层面来理解文化，而不是仅仅把文化作为从属性的手段和支撑性力量来定位，即通过大力发展文化产业提升国家经济力量。5000 年的中华文明史和世界现代文明史一再表明，所谓文化强国，一定是以强大的文化价值感召力使一个国家变得伟大从而赢得广泛尊重和敬意。这种文化价值感召力的强大最终显现为文化内向度的精神自由，可进一步分解为安放心灵与守护精神家园的社会凝聚力、心向往之的价值感召力，这是一个民族立基于世的内在的蓬勃生命力和不竭的文化创造力的软实力焕发，蕴含契合时代语境的强烈精神价值感召力。这种文化价值的强大往往通过国家文化主权战略来拓展观念性国家利益，从而以大国力量的社会性成长引领国家崛起。

三是建设文化强国要有能力回应中国文化在人类文明跃升中的自我定位和自我构想。这意味着在各种文化力量的强势竞争中如何以文化自主性和价值感召力有效参与界定世界文化和叙述世界历史，并为世界文化发展和人类文明跃升提供启示。这是一个大国崛起特别是建设文化强国所应有的一个民族的根本性抱负和自我期待，旨在明晰中国的文化立场、文化价值坐标与展示开创人类文明新形态的世界意义。面对波诡云谲的国际形势，处在中华民族伟大复兴的历史进程不可逆转的战略机遇期，建成文化强国意味着具备有效推动中国成为世界范围内文化观念、文化理论创新与文化思潮策源地的能力，使中国价值和中国追求经由文化传播得以真正彰显。

文化强国建设目标：把中华民族带入文明程度更加发达的文化时代

建成文化强国作为 2035 年基本实现社会主义现代化的远景目标之一，在实现第二个百年奋斗目标中发挥着先导和价值引领作用。但在实践中，有的人对文化强国建设目标是阶段性目标还是终极目标，存在一定的认知误区。在某种程度上，这种认知误区将会影响中国特色社会主义事业总体布局和建成文化强国的战略定位。

从党中央的顶层设计和中国特色社会主义事业总体布局来看，不能将建成文化强国目标与建成社会主义现代化强国目标相割裂。2035年建成社会主义文化强国既是目标诉求，也是一个硬任务。如果缺失一种大历史视野和大历史观，把 2035 年建成文化强国的目标与 21 世纪中叶建成社会主义现代化强国的目标割裂开来，只将之视为一个阶段性目标，必然会弱化文化强国之于中华民族伟大复兴、中国文明型崛起的重大战略价值，有可能使中国发展偏离世界主流趋势与人类文明跃升的大势。从中国共产党的初心使命、文化理想追求、中国的文化传统和历史大逻辑与世界秩序的变化特别是国际权力结构的变动，以及人类文明正面临跃升的历史机缘来看，建成世界体系中的社会主义文化强国，既是实现第二个百年奋斗目标过程中的阶段性成果，更是中华民族伟大复兴和中国文明型崛起的终极目标指向。也就是说，建成文化强国不仅关乎 2035 年远景目标的实现，关乎 21 世纪中叶我国社会主义现代化强国目标的实现，更是中国共产党长期执政和中华民族在世界舞台上发挥更大作用的历史必然，旨在把中华民族带入文明程度更加发达的文化时代。

从历史和现实经验来看，建成文化强国不可能是一蹴而就的事情，而是需要长期积累和多方力量的合力促进，但目标与时间表的设定是必须的。究其根本，文化强国之"强"应落在文化价值感召力的强大上，这是一个国家和民族长期培育和积累的结果，一定是内有实力、外有魅力，是文化发展实践中上下互动、内外联动的结果。对于崛起的中国而言，文化强国固然要在社会主义现代化强国建设中发挥先导和价值引领作用，但建成文化强国无疑又对中国现代化发展目标有着指向性和终极目标的意义，从而有能力使中国成为世界体系中人类文明进步的榜样和示范，使着眼于全人类解放和福祉的社会主义文明形态具有更广辐射性和普遍性。因此，我们必须从历史与现实相统一的逻辑上，充分理解 2035 年建成文化强国目标的丰富性与价值指向性，从阶段性目标与终极目标相统一的角度正确认知文化强国建设目标。

这就要求我们：一是正确领会文化强国建设目标指向的复杂性，在实践中处理好两个关系。一个是文化发展的多元化格局和一元主导之间的关系；另一个是文化强国与其他强国建设之间的关系。建成文化强国的目标不是自说自话，而是在世界与历史的比较中建构的，从而体现了"同一与差异"[1]的关系。我们既要追求"共同性"，又要尊重"差异性"，还要考虑文化强国建设目标在不同阶段的流动性。任何世界文化强国都是文化包容的结果，所谓"强"更多地表现在文化的包容性发展和公民文化价值的自主表达与精神自由追求方面。因此，在文化强国建设实践中，鼓励文化表现形式多样性发展与建构文化多元发展格局，必须营造文化包容性发展的社会环境。文化表现形式多样性本身就是文化规律之一，国内文化繁荣兴盛离不开文化表现形式的多样化，以及形成多元文化发展格局。此外，在文化交流互动日益频繁的当下，坚定文化自信要充分尊重世界文化多样性，文化多样性是世界的基本特征，也是人类文明进步的源泉，文明之间的交流、借鉴和相互启发是人类进步的推动力。事实一再表明，文化差异不是世界

---

1 "同一与差异"是德国哲学家海德格尔构思的一个术语，指具有同一凸显差异，在本文的语境中是指追问世界各文化强国的共同性与差异性何在。

冲突的根源，而是人类文明进步的动力。构建人类命运共同体是人类多样化文化相互尊重、和谐共处的目标指向，是和而不同、兼收并蓄、取长补短、共同发展，而不是冲突对立。国内多元文化发展格局及其文化治理经验，有利于在对外文化交流中有效化解文化价值传播中遭遇海外文化强势反弹的困境。同时，我们还要充分认识到，中国特色社会主义进入新时代，中华民族要昂首走近世界舞台中央，在全球化舞台展示可信、可亲、可敬的中国形象，推动中华文化成为全球化舞台上的高势能文化和世界主导文化形态之一，必须大力推进社会主义主流文化创新，使主流文化价值观真正发挥引领作用，从而实现国家文化软实力的显著提升。

二是正确处理文化强国、教育强国、人才强国、体育强国与健康中国之间的关系，在"五位一体"总体布局中协同推进文化强国建设。建成文化强国不是孤立的现象和要求，而是在中国特色社会主义事业总体布局中处于基础性、先导性地位的，文化强国与其他几个强国建设之间是一种相互促进、相互支撑的协同发展关系。"五位一体"总体布局不是某个领域或维度的单兵突进，而是一种相互协同促进。在实践中，文化发展一定有所附着，需要强有力的支撑和全社会的支持，只有全社会教育水平的普遍提高和全民族的身心健康，才能筑牢文化强国坚实的根基。文化强国创造力的焕发和国际竞争力的增强，无不依赖于强大的人才体系支撑，在一定意义上文化强国和人才强国相互促进、互为依托。全面建设社会主义现代化强国，需要在世界体系和国际大循环中，不断提升创意创新水平和高等教育竞争力，全面掌握文化（产业）发展和高等教育的话语权，大幅度提升社会生产力，积淀中国崛起为世界大国的坚强力量。

文化强国建设价值诉求：具有更广辐射性和普遍性且着眼于全人类解放和福祉的社会主义文明形态

建成文化强国意味着我们在世界体系和历史叙述中有能力表述自己，是一个国家精神道统与国民文化身份认同的完成，即在国家层面建构完善的意识形态和精神信仰体系，向世界宣告中国走出了一条有别于既成世界大国"国强必霸"的文明型崛起之路。无疑，文化强国建设有着强烈的价值诉求。当代文化强国建设是诉求"中华文明的特色论"，还是追求"人类文明的普遍论"？当前，有的人对文化强国建设的价值诉求还存在一定的认知误区。主要表现为以"特色论"来理解和定位当代文化强国建设，使建成文化强国止步于彰显中华文明的特殊形态，从而矮化了当代中国文化强国建设的文明高度。

这就需要：一是牢牢掌握对文化强国内涵的阐释权和话语权。建成文化强国必须坚持中国共产党的领导，坚定走中国特色社会主义道路。文化强国的标准和评价体系不是抽象的、一成不变的，在世界舞台上的文化竞争和价值观交锋中，必须牢牢掌握文化强国内涵的阐释权和话语权。其实，这个话题本身就是建成文化强国的题中应有之义。历史和实践一再表明，中国特色社会主义是党和人民历经千辛万苦、付出巨大代价取得的根本成就，是实现中华民族伟大复兴的正确道路。人类历史上没有一个民族、一个国家可以通过依赖外部力量、照搬外国模式、跟在他人后面亦步亦趋实现强大和振兴。坚持把马克思主义基本原理同中国具体实际相结合、同中华优秀传统文化相结合，是社会主义文化强国建设的灵魂和底蕴。社会主义文化强国建设要始终坚持马克思主义指导地位，始终遵循以习近平新时代中国特色社会主义思想为行动指南。

二是在文明价值诉求上应超越特殊性，不断强化对文明普遍性的追求，为世界文明进步贡献一种普遍性的文明形态。党的十九届六中全会指出："一百年来，党既为中国人民谋幸福、为中华民族谋复兴，也为人类谋进步、为世界谋大同，以自强不息的奋斗深刻改变了世界发展的趋势和格局。"[1] 文化强国建设作为对具有世界历史意义的中国概念的自明性表征，需要在多重思维视野中走出对普遍性与特殊性辩证关系的认知误区，这也是建设文化强国的前提之一。唯此，当代中国的文化强国建设立足于中国式现代化道路，有着鲜明的中华文化底蕴和民族特性。在历史理性中，所谓普遍性不是脱离和凌驾于一切具体、特殊和个别性的抽象概念，更不是所谓经验总结归纳获取的公约

---

1 《中共中央关于党的百年奋斗重大成就和历史经验的决议》，人民出版社 2021 年版，第 64 页。

数，而是蕴含、贯穿、落实在具体性、特殊性和个别性中的普适性价值。因此，必须要破除认知误区。首先，中华文明有着独特优势。随着中国的文明型崛起，中国经验不会止步于所谓的"特色论"，而是要以蕴含其中的普适性价值获得广泛的国际认同。相比于西方文化对人类文明的贡献，古老东方儒家伦理的"己所不欲，勿施于人""和而不同"等文明理念更有普适性价值。今日之中国越来越发展为"世界的中国"，中华民族的伟大历史实践同样蕴含着某种普遍性，也必将为更多发展中国家和世界人民提供启示和借鉴。诚然，中国成功探索了一条有中国特色的现代化道路，当代中国的文化强国建设也必然有着显著的中国特色——中华文明底色和以马克思主义为指导思想，体现了人类文明价值的一般性。其次，尽管西方文明的长处在过去得到了发挥，但不能因此垄断文明普遍性的阐释权。基于历史机缘，西方国家率先迈入现代化进程，在历史实践中以具体性、个别性和特殊性以及资本主义的全球扩张实现了一种普遍性，并对非西方世界产生深刻而持久的冲击。但这种普遍性不是先天的，并无法遮蔽其在崛起过程中同样是立足某种特殊性的历史实质。可见，所谓普遍性也是历史建构的产物，而且要时时与具体、个别和特殊产生互动，不能一劳永逸地变为一种教条。最后，由特殊性上升为普遍性是文明价值诉求的重中之重。立足正在经历的百年未有之大变局和人类文明跃升的态势，中国文明型崛起着力要解决的问题之一就是从所谓的特殊上升为普遍，为世界文明进步贡献一种普遍性的文明形态，彰显人类文明的普遍性价值，这也是在 21 世纪中叶全面建成社会主义现代化强国之前先建成文化强国的深层命意所在。立足新时代新方位，中华民族不仅有勇气和信心，更有能力使中国经验上升为普遍性的文明价值表达。

三是打破日益僵化的思维定式。当今世界正在经历百年未有之大变局，为此应抛弃本质主义的二元论的思维方式，倡导国际交往的一种间性共在的思维方式，推动整体性的文化观成为文明互鉴和文化交流的主导思想。一定意义上，中国和西方都是某种历史语境下具体的特殊体，也都有着扬弃特殊诉求普遍的可能。因此，创造一种文明价值普遍性的关键在于对普遍性的阐释权，以及理解视角和话语冲突，究其实质还是话语权的竞争。当下，世界格局和人类文明秩序已经发生变化。在文化强国建设与中国崛起进程中，要不断厘清文化强国建设的价值诉求认知误区，走出在价值诉求上的特殊性认知误区，在文明价值的普遍性诉求中展现中国共产党的大党应有的样子和大国情怀，以及在实现中华民族伟大复兴中的气魄与从容的心态。从前瞻形态来看，文化强国建设是对中国现代化水平和程度的总体提升，不仅要对全球公共产品、世界主流文化消费品提供有效供给，更要为人类文明发展贡献理念、精神价值指引，使其成为世界文明体系中的普遍形态和文明典范。中国式现代化道路所开创的人类文明新形态，是社会主义理想、制度与中华优秀传统文化相结合的新质文明形态的生成，对人类文明发展具有引领和示范价值。文化强国作为当代中华文明的成果形态，有利于世界重新认识社会主义的普适性价值和为人民服务的道德观，是世界体系中以文化理想、人文精神感召和制度创新推动大国社会性成长的典范。

思考中华文化对世界的贡献，以文化价值的共享来获得世界认可和国际认同。一些中华优秀传统文化至今仍深刻影响着当代国人，甚至在根本上规范着国人的日常生活，影响着国人的精神世界，成为百姓日用而不觉的价值观。唯此，当代中国的文化强国建设当然不会以单纯民族国家的强大自居，而是彰显出胸怀天下的文明形象，其文化强国的诉求必然指向文明价值的普遍性。这种历史境遇决定了实现中华民族伟大复兴需要文化先行，中华文化只有成为全球化舞台上高势能的文化并不断向四周辐射，才能在世界现有格局和世界体系变化中，成为中国不断走近世界舞台中央的重要支撑。

在向第二个百年奋斗目标奋进新征程中，明确提出 2035 年建成文化强国是中国共产党和中华民族坚定文化自信、追求文化自强的逻辑必然，也是实现中华民族伟大复兴和中国文明型崛起的现实需求，是世界上最大的发展中国家成长为有全球影响力的世界大国的表征。历史经验表明，只有以文化为目的引领文化强国建设，正确领会文化强国目标的复杂性以及中国崛起对文明价值普遍性的诉求，才能使中国的大国崛起成为人类文明秩序变动中的典范。因而，在文化强国实践中不断厘清三大认知误区，有利于动员全社会力量为高质量建设文化强国夯实思想共识基础。

中国式现代化进程中的文化强国与文明大国建设

雷巧玲 *

---

* 西安交通大学马克思主义学院教授。

经过百年奋斗，中国共产党领导人民成功走出中国式现代化道路，创造了人类文明新形态。中华民族伟大复兴需要以中华文化的发展繁荣为条件，习近平总书记高度重视文化建设，在文化传承发展座谈会上强调："在新的起点上继续推动文化繁荣、建设文化强国、建设中华民族现代文明，是我们在新时代新的文化使命。"[1]中华文明不仅赋予中国式现代化以深厚底蕴，也是中国式现代化的强大精神动力。中国式现代化进程中建设文化强国与建设文明大国有其历史逻辑及叙事逻辑，探寻其逻辑理路，有助于深化对中国式现代化的文明意蕴及文明叙事的研究。

中华文明与中国式现代化的内在逻辑

（一）中华文明赋予中国式现代化以深厚底蕴

中华文明是世界上唯一一个延续了 5000 多年的文明，中国式现代化深深植根于中华文明，中华文明赋予中国式现代化以深厚底蕴，是其文化根基及鲜明底色。中华优秀传统文化塑造了中华文明的突出特性，习近平总书记将其概括为突出的连续性、创新性、统一性、包容性及和平性五个方面，这些突出特性是塑造中国式现代化特征的重要元素。

---

1 《担负起新的文化使命　努力建设中华民族现代文明》，《人民日报》2023 年 6 月 3 日。

中华文明突出的连续性，决定了中国式现代化必然走自己的路。《尚书》中说："惟殷先人，有典有册。"从那时起，我国有文字记载的历史从未间断。在人类文明进程中，中国曾长期领先于世界，但当人类迈进工业文明时，我们成为落伍者，因而有人把中国现代化的开启特征总结为后发外生型现代化。尽管这个概括未必准确，但从中我们能深深感受到，在由传统向现代转化的开启之际，我们的被动与无奈，我们是在落后就要挨打的自省中苦苦探寻自己的现代化。其间我们学过英国、学过美国，但只有在中国共产党的领导下，我们的现代化建设才由外生转为内生、由被动转为主动，最终成功探索出独具特色的中国式现代化新道路，打破了"现代化＝西方化"的迷思，创造了人类文明新形态。

中华文明突出的创新性，决定了中国式现代化必须守正创新。在"周虽旧邦，其命维新"及革故鼎新、自强不息等创新文化的滋养下，中国式现代化既要坚持中国共产党的领导，坚持社会主义现代化的本质要求，又要遵循现代化的基本规律。正是因为坚持守正创新，中国式现代化才用人本逻辑超越了西方现代化的资本逻辑，用共同富裕超越了西方现代化的两极分化，用物质文明和精神文明相协调超越了西方现代化的物质至上，用人与自然和谐共生超越了西方现代化的竭泽而渔，用和平发展超越了西方现代化的殖民扩张。

中华文明突出的统一性，决定了中国式现代化强调以人为本、全体人民共同富裕、物质文明和精神文明相协调、人与自然和谐共生，让现代化建设成果更多更公平惠及全体人民。

中华文明突出的包容性，决定了中国式现代化能海纳百川，借鉴吸收人类一切优秀文明成果。

中华文明突出的和平性，决定了中国式现代化走和平发展的人间正道，不走一些国家通过战争、殖民、掠夺等方式实现现代化的老路，也不走"国强必霸"的邪路。

（二）中国式现代化赋予中华文明以现代力量

中国式现代化是中国共产党领导的社会主义现代化。"两个结合"是中国共产党探索中国式现代化的逻辑起点，也造就了一个新的文化生命体，从而成为中国式现代化的文化形态。毛泽东同志曾指出："自从中国人学会了马克思列宁主义以后，中国人在精神上就由被动转入主动。从这时起，近代世界历史上那种看不起中国人，看不起中国文化的时代应当完结了。"[1] "两个结合"使中国式现代化成为主动探索的现代化。通过对中华文明中的哲学思想、人文精神、教化思想、道德理念进行创造性转化、创新性发展，使其焕发出强大的现代活力。

---

1 《毛泽东选集》第 4 卷，人民出版社 1991 年版，第 1516 页。

（三）中华文明是中国式现代化的不竭精神动力

"人无精神则不立，国无精神则不强。"在人类历史的长河中，中华文明之所以能绵延不断，中华民族之所以能不断发展壮大，其中重要的缘由是我们有一脉相承的精神追求、精神特质、精神脉络。中华文明是中华民族独特的精神标识，积淀中华民族最深沉的精神追求，是中华民族生生不息、发展壮大的丰厚滋养，是中国式现代化的精神动力源泉。中国式现代化的精神动力源自5000多年文明历史所孕育的民族精神，源于党领导人民在革命、建设、改革及新时代构筑的以伟大建党精神为源头的精神谱系。

伟大民族精神为中国式现代化提供了不竭精神动力。伟大民族精神呈现为伟大创造精神、伟大奋斗精神、伟大团结精神及伟大梦想精神。伟大创造精神激励中国人民在中国式现代化进程中不断创造奇迹，伟大奋斗精神激励中国人民在中国式现代化进程中不断奋力拼搏，伟大团结精神激励中国人民在中国式现代化进程中同舟共济，伟大梦想精神激励中国人民在中国式现代化进程中不懈追求。

以伟大建党精神为源头的中国共产党人精神谱系是中国共产党人独特的精神标识。党在革命、建设、改革及新时代的不同时期，以中国式现代化实现中华民族伟大复兴的目标任务各不相同，所以不同时期的精神也呈现出不同主题及鲜明的时代烙印。以伟大建党精神为源头的中国共产党人的精神谱系，不仅有时代特征，也有共同的特质，那就是信念坚定、人民至上、实事求是、勇于创新、艰苦奋斗、无私奉献。这些精神，不仅共同铸就了党领导中国人民在推进中国式现代化进程中不断创造辉煌的精神密码，也是以中国式现代化实现中华民族伟大复兴的新征程再创辉煌的不竭精神动力。

中国式现代化进程中文化强国到文明大国的历史逻辑

从现代化视域分析，近代以来的中国历史就是由传统走向现代的历史，就是不断进行现代化的历史；文化现代化是现代化建设的重要维度。文化强国指的是通过文化现代化实现国家文化繁荣兴盛，既是过程，也是目标，是过程和目标的有机统一。文化现代化是指"传统文化向现代文化的转型"，是关于文化要素的创新、选择、传播和推出交互进行的复合过程，是现代文化的形成、发展、转型和国际互动的复合过程，主要体现在上层建筑领域内的科学知识、法律、道德、制度、观念等的继承性转型。[1] 中国共产党领导的中国式现代化过程，也是中国式文化现代化的过程，是从文明蒙尘到文化强国的萌生、奠基、构建，再到新指向——建设文明大国。从建设文化强国到建设文明大国有其历史逻辑。

1　房广顺、祁玉伟：《中国文化现代化的丰富内涵和鲜明特征》，《长白学刊》2023 年第 1 期。

（一）近代中国：现代化的被动开启与文明蒙尘

中国是一个文明大国，为人类文明进步作出了卓越贡献。然而中国的现代化是被动开启的。费正清曾用"冲击—反应"模式对其加以概括。1840 年，英国用坚船利炮打开古老中国的大门，中国一步步沦为半殖民地半封建社会，中华民族遭受了前所未有的劫难，国家蒙辱、人民蒙难、文明蒙尘，从那时起，实现中华民族伟大复兴，就成为中华儿女最伟大的梦想。可无论是向西方学习经济现代化的洋务运动，还是仿效英式政治现代化的戊戌变法、学习美式政治现代化的辛亥革命，抑或是学习西方科学与民主文化现代化的新文化运动，都难以拯救中国，一些人甚至把当时中国的贫穷落后归咎于中华传统文化，提出要废除汉文字。

（二）新民主主义革命时期：对中国式现代化道路的主动探索与文化强国萌生——建立中华民族的新文化

新民主主义革命时期，我们开启了对中国式现代化道路的主动探索，提出了建立中华民族新文化的目标，是文化强国的萌生期。十月革命一声炮响，给中国送来了马克思列宁主义。1921 年，中国共产党应运而生，这是中国现代化发展的重大历史转折点，从此，中国现代化发展有了主动的精神、有了正确的前进方向以及光明的前景，开启了主动探索的中国式现代化征程，深刻改变了中国人民和中华民族的前途和命运。

新民主主义革命时期，中国共产党人已经深刻认识到工业化的重要性，并坚定进行工业化的决心。中国共产党不仅重视工业化，也提出建立中华民族新文化的目标，1940 年 1 月，毛泽东同志在《新民主主义论》中提出"要把一个被旧文化统治因而愚昧落后的中国，变为一个被新文化统治因而文明先进的中国。一句话，我们要建立一个新中国。建立中华民族的新文化，这就是我们在文化领域中的目的"[1]。《新民主主义论》是党在延安时期发展文化的纲领性文件，为新民主主义文化建设提供了根本遵循。

（三）社会主义革命和建设时期：中国式现代化道路的奠基与文化强国奠基——提出科学文化现代化

社会主义革命和建设时期，经过社会主义三大改造，确立了社会主义制度，中国式现代化道路的社会主义方向确立，并制定了"四个现代化"的国家战略目标。文化现代化备受重视，毛泽东同志提出了科学文化现代化。

新中国成立之初，国家一穷二白，为了改变这种现状，毛泽东同志提出："我国人民应该有一个远大的规划，要在几十年内，努力改变我国在经济上和科学文化上的落后状况，迅速达到世界上的先进水

---

1 《毛泽东选集》第 2 卷，人民出版社 1991 年版，第 663 页。

平。"[1]要实现这一宏伟目标，现代化是必然的选择。以毛泽东同志为核心的中国共产党人为我们勾勒出实现"四个现代化"的宏伟目标。"四个现代化"战略目标的提出，是中国式现代化探索取得的重大成就。

在中国的现代化建设中，毛泽东同志不仅重视如何实现国家的繁荣富强，也高度重视国家的文化现代化。1957 年 2 月，毛泽东同志在《关于正确处理人民内部矛盾的问题》一文中指出："将我国建设成为一个具有现代工业、现代农业和现代科学文化的社会主义国家。"[2]毛泽东同志反复思考、不断探索科学文化现代化，可见他不仅高度重视科学现代化，也高度重视文化现代化。

这一时期，我们对中国式现代化道路进行了艰辛探索。新中国成立后，我们向苏联学习，但苏共二十大后苏联模式的弊端日益凸显，毛泽东同志提出必须以苏联为鉴，自主探索适合中国国情的现代化之路。尽管我们在自主探索适合中国国情的现代化之路的过程中曾经出现过曲折，但这些探索为现代化建设奠定了根本政治前提，提供了宝贵经验、理论准备和物质基础。我们对科学文化的现代化的探索，为文化强国建设奠定了制度基础及理论基础。

---

1 《毛泽东文集》第 7 卷，人民出版社 1999 年版，第 2 页。
2 《毛泽东文集》第 7 卷，人民出版社 1999 年版，第 207 页。

（四）改革开放和现代化建设新时期：中国式现代化道路基本形成与文化强国构建——建设文化强国

改革开放和现代化建设新时期，我们党解放思想、实事求是，开启了改革开放的伟大征程，开创了具有中国特色的社会主义道路，为中国式现代化提供了充满新的活力的体制保证和快速发展的物质条件，开始了建设文化强国的新征程。

1978 年党的十一届三中全会以后，以邓小平同志为主要代表的中国共产党人通过对中外社会主义现代化建设经验教训的总结，深感老路走不通、邪路不能走，必须探索出适合国情的中国式现代化道路。基于中国国情，邓小平同志对 20 世纪末实现四个现代化的战略目标进行了新的阐释和调整，最早提出了"中国式的四个现代化"及"中国式的现代化"概念，并且制定了三步走战略。以江泽民同志为主要代表的中国共产党人成功地把中国特色社会主义推向 21 世纪，制定了新"三步走"战略。党的十六大以后，以胡锦涛同志为主要代表的中国共产党人，团结带领全党全国各族人民，成功地在新形势下坚持和发展了中国特色社会主义。

这一时期党和国家领导人都高度重视文化在社会主义现代化建设中的重要作用，并积极构建国家文化战略。邓小平同志提出："我们要建设的社会主义国家，不但要有高度的物质文明，而且要有高度的精神文明。"[1] 江泽民同志认为文化在综合国力竞争中的地位和作用越来越突出："文化的力量，深深熔铸在民族的生命力、创造力和凝聚力之中。"[2] 胡锦涛同志从国际竞争及国内发展两方面分析了文化建设的重要性：就国际形势而言，"谁占据了文化发展的制高点，谁就能够更好地在激烈的国际竞争中掌握主动权"[3]；就国内而言，"文化建设是中国特色社会主义事业总体布局的重要组成部分，文化繁荣发展是全面建设小康社会的重要目标"[4]。因而，我们必须以高度的文化自觉和文化自信来实现文化自强。2011 年 10 月，党的十七届六中全会确立了建设社会主义文化强国的战略目标。2012 年 11 月，党的十八大报告提出"扎实推进社会主义文化强国建设"，从而为社会主义文化建设提供了根本遵循。

（五）中国特色社会主义新时代：中国式现代化道路渐趋成熟与文化强国新指向——建设文明大国

党的十八大以来，中国特色社会主义进入新时代。在建党百年之际，习近平总书记明确提出"中国式现代化"的重要论断，强调中

---

1 《邓小平文选》第 2 卷，人民出版社 1994 年版，第 367 页。
2 《江泽民文选》第 3 卷，人民出版社 2006 年版，第 558 页。
3 胡锦涛：《在中国文联第八次全国代表大会　中国作协第七次全国代表大会上的讲话》，人民出版社 2006 年版，第 3 页。
4 胡锦涛：《坚定不移走中国特色社会主义文化发展道路　努力建设社会主义文化强国》，《求是》2012 年第 1 期。

国共产党领导人民成功走出中国式现代化道路，创造了人类文明新形态。

中国特色社会主义进入新时代，以习近平同志为核心的党中央，把文化建设摆在更加突出的位置，认为统筹推进"五位一体"总体布局、协调推进"四个全面"战略布局，文化是重要内容；推动高质量发展，文化是重要支点；满足人民日益增长的美好生活需要，文化是重要因素；战胜前进道路上各种风险挑战，文化是重要力量源泉，提出要坚定文化自信，不断铸就中华文化新辉煌，建设社会主义文化强国。党的十九届五中全会明确提出了到 2035 年建成文化强国的远景目标，明确建成文化强国的时间表。党的二十大对新征程文化强国建设进行了新部署，为在全面建设社会主义现代化国家新征程中推动建成文化强国提供了行动指南。

习近平总书记在文化传承发展座谈会上强调："在新的起点上继续推动文化繁荣、建设文化强国、建设中华民族现代文明，是我们在新时代新的文化使命。"[1] 并提出了"文明大国建设"的新表述。这一创新性的表述符合中国文化建设的发展规律，是文化强国建设的新指向。新时代新的文化使命包括推动文化繁荣、建设文化强国、建设中华民族现代文明。文化强国是文明大国的基础，文明大国是文化强国的发展方向，按其发展规律，建设文明大国是必然趋势。这里的文明

---

1 《担负起新的文化使命　努力建设中华民族现代文明》，《人民日报》2023 年 6 月 3 日。

大国指的是现代文明大国，是对中国传统文明大国的传承超越，更具现代性。

习近平总书记论及提高国家文化软实力时，强调要重点展示四个"大国形象"，列在首位的是"中国历史底蕴深厚、各民族多元一体、文化多样和谐的文明大国形象"。从时间维度分析，"文明大国形象"与"建设文明大国"二者虽都立足现实，但重点不同，前者更加强调历史的积淀，后者更加注重未来发展。从建设文化强国到建设文明大国，意味着中国文化自信、文明自信达到了新高度。

从建设文化强国到建设文明大国的叙事逻辑——中国式现代化的叙事创新

（一）更加契合中国式现代化文明叙事的话语逻辑，有助于增强人类文明新形态的感染力

一部现代化史，其实就是由农业文明向工业文明、向信息文明转变的历史。现代化发端于西方，所以在很长一段时间里，现代化被简单理解为西方化，简单等同于西方文明。中国的现代化是被动开启的，历经艰辛。只有在中国共产党的领导下，经由"两个结合"，中国的现代化才成功走出中国式现代化道路，创造了人类文明新形态。中国式现代化是物质文明、政治文明、精神文明、社会文明、生态文明协

调发展的整体现代化。所以，在中国式现代化的文明叙事逻辑下，在建设文化强国的基础上提出建设文明大国有其必然性，建设文明大国更加契合中国式现代化文明叙事的话语逻辑。通过建设文明大国，推进人类文明新形态的不断丰富发展，有助于增强人类文明新形态的感染力。

（二）更加契合中国式现代化叙事的主体逻辑，有助于增强人类文明新形态的传播力

在百年现代化的奋斗征程中，我们解决了"挨打"问题，终于站起来了；解决了"挨饿"问题，终于富起来了；而今迈进强起来的新时代，要从根本上解决"挨骂"问题。尽管我国日益走近世界舞台中央，整个世界的发展也呈现出东升西降的态势，但国际舆论格局依然是"西强我弱"，我们的国际形象主要是"他塑"而非"自塑"。所以要讲好中国式现代化的故事，讲好人类文明新形态的故事，就要增强主体意识，主动发声，"让世界知道中国人民为人类文明进步作出了什么贡献、正在作出什么贡献、还要作出什么贡献"[1]。同时要提升国际传播能力，"研究国外不同受众的习惯和特点，采用融通中外的概念、范畴、表述，把我们想讲的和国外受众想听的结合起来"[2]。所以，从中国

---

1 《习近平关于总体国家安全观论述摘编》，中央文献出版社 2018 年版，第 116 页。
2 《习近平关于社会主义文化建设论述摘编》，中央文献出版社 2017 年版，第 213 页。

式现代化叙事的主体逻辑分析，建设文明大国的传播效能要高于建设文化强国的传播效能。因为，第一，文化与文明虽然很多时候被认为是等同的，但二者的区别也比较明显，文化是一个中性词，文明则是一个褒义词，指文化的积极成果，是一种价值判断。第二，文明大国中的"大国"更能强化传播的主体效能。习近平总书记一再强调大国尤其要作表率，带头讲平等、讲合作、讲诚信、讲法治，展现大国的样子。这显然更有助于国际形象的自塑，有助于增强人类文明新形态的传播力。

（三）更加契合中国式现代化叙事的价值逻辑，有助于增强人类文明新形态的引领力

100多年来，中国共产党领导人民成功走出了中国式现代化新道路，实现了从落后时代到大踏步赶上时代再到引领时代的伟大跨越。中国式现代化蕴含独特世界观、价值观、历史观、文明观、民主观、生态观，对什么样的现代化，为了谁的现代化，依靠谁的现代化，怎么实现现代化等进行了独立自主的探索，创造了人类文明新形态。人类文明新形态既超越了西方资本主义文明，也超越了传统社会主义文明，是中国共产党人对世界文明的重大贡献。

深刻领悟中国式现代化新道路、人类文明新形态的价值贡献，文明大国要比文化强国更具说服力。梁启超曾经将中国历史划分为中国

之中国、亚洲之中国及世界之中国三个阶段。中华传统文明已在中国之中国、亚洲之中国显示出强大的影响力及引领力。在世界之中国阶段，通过建设中华民族现代文明，进而建设文明大国，将更有助于增强人类文明新形态的引领力。习近平总书记曾指出："在五千多年漫长文明发展史中，中国人民创造了璀璨夺目的中华文明，为人类文明进步事业作出了重大贡献。西方很多人习惯于把中国看作西方现代化理论视野中的近现代民族国家，没有从五千多年文明史的角度来看中国，这样就难以真正理解中国的过去、现在、未来。"[1] 在近代中国被动卷入现代化的进程之后，我们一直在向西方学习，美国著名的汉学家列文森曾指出："近代中国思想史的大部分时期，是一个使'天下'成为'国家'的过程。"[2] 所以，只有从文明大国的形成发展历程出发，才能深刻领悟中国式现代化新道路、人类文明新形态的文明密码及价值真谛，以平等、互鉴、对话、包容的新文明理念重塑人类文明格局、引领人类文明发展方向、创新人类文明共存方式。[3]

1　习近平：《把中国文明历史研究引向深入　增强历史自觉坚定文化自信》，《求是》2022 年第 14 期。

2　[美] 列文森：《儒教中国及其现代命运》，郑大华、任菁译，中国社会科学出版社 2000 年版，第 87 页。

3　任洁：《中国式现代化道路的文明逻辑》，《学术前沿》2022 年第 24 期。

增强中华文明传播力影响力的路径选择

倪素香 *

* 武汉大学马克思主义学院教授、博士生导师，湖北省中国特色社会主义理论体系研究中心研究员。

党的二十大报告明确指出："全面建设社会主义现代化国家，必须坚持中国特色社会主义文化发展道路，增强文化自信，围绕举旗帜、聚民心、育新人、兴文化、展形象建设社会主义文化强国，发展面向现代化、面向世界、面向未来的，民族的科学的大众的社会主义文化，激发全民族文化创新创造活力，增强实现中华民族伟大复兴的精神力量。"[1]源远流长、博大精深的中华文明既是中华民族独特的精神标识，也是中华民族对人类文明的重大贡献。增强中华文明传播力影响力，要坚守中华文化立场，提炼和传承中华文明的思想精华，推动中华文化更好走向世界。

坚守中华文化立场，提炼展示中华文明的精神标识和文化精髓

精神标识是一个国家的民族精神和核心价值的高度凝练与符号表达，而中华文化展示了中华民族特有的精神追求、精神特质和精神脉络。中华文明的精神标识可以通过两种方式展开：一种是意识、观念的思想形态，即不同种类的精神形态的表现形式；一种是物质性的生产活动成果，即在创造的种类繁多的物质产品中展现其精神理念和文化符号。但无论是思想精神形式还是物质产品成果，都是精神标识的外化。从思想观念和物质产品中提炼精神标识，不仅能为人民树立正

1　习近平：《高举中国特色社会主义伟大旗帜　为全面建设社会主义现代化国家而团结奋斗——在中国共产党第二十次全国代表大会上的报告》，人民出版社 2022 年版，第 42—43 页。

确的世界观、人生观、价值观提供精神力量和精神滋养，也是向世界展现中华文明优秀成果的需要。

党的二十大报告指出："中华优秀传统文化源远流长、博大精深，是中华文明的智慧结晶，其中蕴含的天下为公、民为邦本、为政以德、革故鼎新、任人唯贤、天人合一、自强不息、厚德载物、讲信修睦、亲仁善邻等，是中国人民在长期生产生活中积累的宇宙观、天下观、社会观、道德观的重要体现，同科学社会主义价值观主张具有高度契合性。"[1]这是新时代从大历史视野出发，以中华民族的宇宙观、天下观、社会观、道德观为切入点，从思想观念形态方面对中华文明的精神标识的深刻理解和把握。从天下观来看，中华文明自古就以包容闻名于世，在与其他文明的交流互鉴中不断焕发生命力。中华文明蕴含的诸如天下为公、讲信修睦、亲仁善邻等思想观点有力地破除了"文明冲突论"，并为积极处理和有效推进中华文明与其他文明、中国与世界各国的关系提供了极大的可能性。从社会观来看，中华文明包含的民为邦本、为政以德、革故鼎新、任人唯贤等思想观念为社会主义民主建设提供了丰厚滋养，为世界民主发展提供了新选择。从道德观来看，中华文明蕴藏着丰富的道德文化资源，诸如自强不息、厚德载物、讲信修睦、亲仁善邻等思想观念具有重要的现实意义，为"培

1　习近平：《高举中国特色社会主义伟大旗帜　为全面建设社会主义现代化国家而团结奋斗——在中国共产党第二十次全国代表大会上的报告》，人民出版社 2022 年版，第 18 页。

养什么人，如何培养人"等提供了重要的参考与借鉴。同时，中华文明也以物质的形式和载体展现其内涵和实质。在中华文明的历史长河中，先后出现了以水利文化、青铜文化、建筑文化、雕刻艺术、陶瓷文化、丝绸文化等物质形态呈现的文化形式，这是中华文明精神标识的外在体现。如水利文化是人与自然和谐共生宇宙观的生动体现，丝绸文化则是亲仁善邻的天下观和社会观的深刻体现。

文化精髓是指一个社会的历史文化所呈现的思想观念、思维模式、价值理念等具有的独特的优秀品格。从这个意义来看，内在于中华文明发展的全过程，能够反映中华文明的独特特质，同时与人类文明协调发展的文化中的合理优秀因素就是中华文明的文化精髓。在提炼展示中华文明的文化精髓的同时，也要注意文化精髓与精神标识的联系与区别。一方面，精神标识主要是体现中华文明精神生活的一面，而文化精髓则是对形式多样文化形态的核心和关键要素的总结。另一方面，精神标识和文化精髓在一定程度上是融通的，精神标识是在文化精髓基础上的凝结和升华，同时又引导文化精髓不断实现创新超越。因而可以说，中华文明的文化精髓是中华文明的精神标识以及多样传统文化样态的优秀本质的内在体现。

党的十八大以来，习近平总书记围绕弘扬中华优秀传统文化作出一系列重要论述，强调"要认真汲取中华优秀传统文化的思想精华和道德精髓，大力弘扬以爱国主义为核心的民族精神和以改革创新为核心的时代精神，深入挖掘和阐发中华优秀传统文化讲仁爱、重民本、守诚信、崇正义、尚和合、求大同的时代价值，使中华优秀传统文化成为涵养社会主义核心价值观的重要源泉。"[1]这充分表明党和国家始终重视从中华优秀传统文化中提炼展示中华文明的文化精髓。其中，讲仁爱彰显道德文化的精髓，体现了中华民族倡导爱自然万物、爱他人、爱人类的精神境界；重民本是政治文化的精髓，主要表现为重民、保民、安民、爱民等观念，是中华民族国家治理精神的生动表现；守诚信是商业文明和经济文化的精髓，是中国人民与他人交往中所要遵循和贯彻的重要理念和准则；崇正义是社会文化的精髓，追求社会公平正义始终是中国人民的不懈奋斗目标；尚和合表现为中华文化的精髓，和合不仅是人与自然、人与他人以及人与社会的和谐发展，更是中华民族大家庭和谐与统一的思想基础；求大同是世界文化的精髓，尊重不同国家和民族的文化和习俗差异，从而达到和而不同、美美与共的局面，是中华民族对世界和平发展的独特贡献。这些文化精髓贯穿于中华文明 5000 多年的发展进程中，不断促进文明交流互鉴，为中华文明的创新发展提供了动力和源泉。

此外，在中华文化发展的历史长河中，优秀传统文化也以众多的学术流派、文学作品、民间艺术等文化样态展示中华文明的文化精髓。其中，儒家、墨家、道家、法家、心学、理学等众多学术流派提供了

---

1 《习近平谈治国理政》第 1 卷，外文出版社 2018 年版，第 164 页。

中华民族发展所需的思想精髓；诗经、楚辞、汉赋、唐诗、宋词、元曲、明清小说等各样文学作品在贴近现实生活的同时，提高了人民群众整体的思想境界和审美能力；琴棋书画、剪纸、雕刻、陶艺、木偶戏、杂技、戏曲等民间艺术形式，不仅丰富了人民的闲暇生活，其蕴含的人生哲理、处事原则等也成为代代相传的文化基因。这些中华文明的形态也表现了中国人民对真善美的追求，其蕴含的劳动精神、奋斗精神、奉献精神、创造精神、勤俭节约精神等展现了中国人民的精神风貌。

增强中华文明传播力影响力，推动中华文化更好走向世界

党的二十大报告把"增强中华文明传播力影响力"作为"推进文化自信自强，铸就社会主义文化新辉煌"的重要部署之一，不仅与发展面向世界的社会主义文化要求相适应，也与"中国式现代化""创造人类文明新形态"相呼应，为提高国家文化软实力、发展人类文明新形态提供了新遵循和新指引。

构建中国话语和中国叙事体系是增强中华文明传播力影响力的关键所在。习近平总书记强调："要加快构建中国话语和中国叙事体系，用中国理论阐释中国实践，用中国实践升华中国理论，打造融通中外的新概念、新范畴、新表述，更加充分、更加鲜明地展现中国故事及

其背后的思想力量和精神力量。"[1]由此可知，一方面，要加快构建中国特色哲学社会科学。要通过多学科联合攻关推进中华文明理论的阐释与发展，从科学严谨的学术层面出发，利用融通中西特色的话语来阐释和说明中华文明的重要贡献和中华优秀传统文化的创造性转化、创新性发展，向世人展示中华文明的精神标识和文化精髓。另一方面，展示中华文明的精神标识和文化精髓，关键在于如何进行讲述，主要涉及内容的选择、过程的具体环节衔接以及效果总结、反馈等诸多方面。因此，在讲述的过程中，要讲清楚中华优秀传统文化的历史渊源、发展脉络、基本走向，讲清楚中华文明的独特创造、价值理念、鲜明特色。要以中华文明的历史贡献和文化价值来展示中华文明的精神标识和文化精髓，展现可信、可爱、可敬的东方大国形象、责任大国形象和社会主义大国形象。

加强国际传播能力建设，全面提升国际传播效能，形成同我国综合国力和国际地位相匹配的国际话语权。一方面，要加强国际传播技术能力建设。在信息时代、算法时代，中华文明传播面临的发展机遇和风险挑战是前所未有的，因此要善于利用信息技术和算法技术等分析不同国家和区域、不同受众群体，以此来选取更有针对性的传播方式，推进中华文明传播的全球化表达、区域化表达、分众化表达。要探索将人工智能运用在新闻采集、生产、分发、接收、反馈等过程中，

---

1 《加强和改进国际传播工作　展示真实立体全面的中国》，《人民日报》2021 年 6 月 2 日。

用主流价值导向驾驭"算法",全面提高舆论引导能力。另一方面,要加强国际传播媒介融合发展能力建设。传播好中华文明,要从新闻出版、广播影视、文学作品以及网络传播等诸多方面进行融合宣传,以实现全媒体传播。一是利用传统的新闻出版、广播影视、文学作品等正面宣传中华文明的丰富哲学思想、人文精神、教化思想、道德理念等;二是利用新媒体、自媒体等网络宣传平台,提升中华文明传播的广度和深度,围绕一个主题或一个专题进行由浅入深的系列宣传,不断加深各国人民对中华文明的认识和理解,如讲清楚以人民为中心的发展思想是如何实现对古代民本思想的扬弃以及对马克思主义人民观的发展的;三是利用文化产品创新中华文明的传播,从公众对中华文明的文化心理需求出发,通过传统艺术产品形式和中华文明特有的文化符号进行传播,让公众更加了解和理解其中蕴含的中华文明。

深化不同文明交流互鉴,不仅是对人类文化多样性的重要贡献,也是推动中华文化更好走向世界的重要动力。一是要展现中华文明对待世界不同文明的平等态度。要在不同文明的交流互鉴中,我们向世界人民展现中华民族历来平等对待世界不同文明,始终坚持尊重差异、和而不同、美美与共等原则。二是要说明中华文明特有的开放包容特质。在不同文明的交流互鉴中,我们要充分展示中华文明是中华民族在长期文明交往中形成的思想智慧,如展现"西学东渐"等文明交流互鉴是如何丰富中华文明的。三是要推动中华文明与世界不同文明间的交流与对话。在交流与对话的过程中，我们要讲清楚中华文明是什么样的文明，讲清楚中华文明内涵的宇宙观、天下观、社会观和道德观，讲清楚中华文明的时代贡献，从而为世界文明多样性贡献中国智慧和中国方案。

深入推进文化治理体系现代化的基本路径

[*]　武汉大学文化法制研究中心执行主任，武汉大学国家文化发展研究院教授。

2023 年 6 月 2 日，习近平总书记在文化传承发展座谈会上强调："在新的起点上继续推动文化繁荣、建设文化强国、建设中华民族现代文明，是我们在新时代新的文化使命。"[1]当前，切实担负起新时代新的文化使命，关键是要构建契合中国式现代化本质要求的文化治理体系，深入推进文化治理现代化。文化治理现代化是国家治理现代化的必然要求，是中国式现代化的重要组成部分。深入推进文化治理现代化既要反映以主体多元化、运转法治化等为要义的各国文化治理现代化的共同特征，更要立足于中国国情，回应中国式现代化的现实定位和需求。唯有深入推进既反映普遍共性又体现中国个性的文化治理现代化，才能切实释放和激发公民、法人、非法人组织等多元主体之文化创新、创造的热情和活力，从而在促进文化繁荣发展的同时，全面发挥文化在经济社会发展和国家治理过程中的结构性力量。就现实意义而言，深入推进文化治理现代化关键是要实现党的全面领导、政府有为、社会有位、人民有归。

加强党的全面领导是前提

中国共产党领导是中国特色社会主义最本质的特征，加强中国共产党的领导是文化治理现代化的基本前提和根本依托。加强党对文化治理现代化的全面领导，关键是要进一步提升党对文化工作领导的规

---

1 《担负起新的文化使命　努力建设中华民族现代文明》，《人民日报》2023 年 6 月 3 日。

范化和科学化水平。

加强党的全面领导是文化治理现代化的根本依托。中国式现代化是人口规模巨大的现代化，这是文化治理现代化所面对的最首要问题和最基本国情。中国的人口规模巨大，既是数量性规模巨大，是 14 亿多人口整体迈进现代化社会，规模超过现有发达国家人口的总和，在很大程度上，又是人口结构性规模巨大，我国是由 56 个民族组成的大家庭，这让我国成为世界上规模最大的原住民国家。规模巨大的原住民群体之观念的相对同质性在给国家治理带来有利因素的同时，也会在一定程度上因其相对保守性而增加中国式现代化的艰巨性和复杂性，由此党的二十大提出中国式现代化要"保持历史耐心，坚持稳中求进、循序渐进、持续推进"[1]。与此同时，在中国几千年的农耕经济发展模式下，人们在农耕资源分配、农耕灾害防治等现实中所形成的对统一、有力的领导权威的信赖和期待，驱使着中国共产党作为中国历史和现实所选择的，承载着中国人民对美好生活之向往的，超越西方政党理论的，代表中国最广大人民之根本利益、没有自己特殊利益的执政党，切实担负起历史使命，进一步强化领导力，团结带领广大中国人民推进中国式现代化、建设中华民族现代文明。

实质上，"中国共产党成立 100 多年来，始终重视对文化工作的

---

[1] 习近平：《高举中国特色社会主义伟大旗帜　为全面建设社会主义现代化国家而团结奋斗——在中国共产党第二十次全国代表大会上的报告》，人民出版社 2022 年版，第 22 页。

领导，把文化建设放在党和人民事业发展战略的高度来谋划，并审时度势，根据社会发展和时代变化不断作出新的判断、新的定位"[1]。早在1942年的延安文艺座谈会上，毛泽东同志就提出："我们的文学艺术都是为人民大众的，首先是为工农兵的，为工农兵而创作，为工农兵所利用的。"[2]"党的文艺工作，在党的整个革命工作中的位置，是确定了的，摆好了的；是服从党在一定革命时期内所规定的革命任务的。"[3]"文艺为政治服务、文艺为工农兵服务"的"二为"思想，在一定程度上表征着党领导中国文化治理的探索之路的开启。党的十八大以来，以习近平同志为核心的党中央把文化建设摆到了全局工作的新高度，提出了一系列新思想新观点新论断，推动文化建设取得了丰硕成果，全面开启了党领导文化治理现代化的新篇章。当前，把握中国文化建设发展的黄金期，全面提升党的领导的力度和效度就成为推进文化治理现代化的必由之路。

加强党的全面领导主线是提升党对文化工作领导的规范化能力。在现代法治环境下，任何组织和个人都必须在宪法和法律范围内活动，中国共产党也不例外。一如卢梭所指出的："任何人都不能摆脱法律的光荣的束缚。这是一种温和而有益的束缚。"[4]我国现行《宪法》明

1　郑珊珊：《坚定文化自信自强　建设中华民族现代文明》，《中国社会科学报》2023年6月5日。
2　《毛泽东选集》第3卷，人民出版社1991年版，第863页。
3　《毛泽东选集》第3卷，人民出版社1991年版，第866页。
4　[法]让·雅克·卢梭：《论人类的不平等的起源和基础》，李常山译，商务印书馆1962年版，第51页。

确规定，"中国共产党领导是中国特色社会主义最本质的特征"，这既是以根本法的形式明确了党的领导地位及其法律权威，也是以根本法的形式进一步强调了中国共产党必须在宪法和法律范围内活动。

中国共产党依宪执政、依法执政的法治要求，在文化领域体现为党对文化工作的领导须依法依规进行，加强党对文化工作的全面领导必须始终以提升党对文化工作领导的规范化、法治化水平为主线。在文化治理现代化、社会主义文化强国建设大局对中国式现代化、社会主义现代化强国建设全局影响日益深远的新形势下，提升党对文化工作领导的规范化、法治化水平日益紧迫。当前，提升党对文化工作领导的规范化、法治化水平，一方面，是要确保党遵循法定的方式和程序将文化工作领导意志转化为国家文化治理意志。另一方面，是要建立健全文化领域的党内法规，在文化领域形成比较完善的党内法规制度体系、高效的党内法规制度实施体系、有力的党内法规制度建设保障体系，从而为完善文化领域党的领导体制机制，改进党的领导方式，提升党总揽文化工作全局、协调各方关系的能力提供坚实的支撑。就理论和现实意义而言，有必要研究制定"中国共产党文化工作条例"，把党长期以来领导文化工作的成功经验，以及全社会对党领导文化治理现代化的基本期待转化或上升为制度成果，并在此基础上，建立健全文化领域党内法规"1+4"基本体系。

加强党的全面领导重点是提升党对文化工作领导的科学化水平。

首先，要对文化工作的地位与价值有科学的定位。在很大程度上，中国是一个以文化认同为根基的国家，正是因为中华文化认同带动中华民族共同体的认同，中国各民族、各阶层才能形成内在的凝聚力、向心力，以及赓续发展的活力。因此，文化对中国现代化发展具有无比重要的意义。它所承托的不仅仅是中国特色社会主义一个领域的发展，而且关乎民众素养的提升、基层社会秩序的建构、政治秩序的良性运转、市场经济的发展升级，对政治、经济、社会、生态等各领域均具有全局性、深层次的支撑意义。正是在此意义上，习近平总书记在中国文联十大、中国作协九大开幕式上指出："文化自信，是更基础、更广泛、更深厚的自信，是更基本、更深沉、更持久的力量。"[1]文化的重要价值和作用决定了文化工作在我国社会主义现代化建设中占据着极为重要的地位，中国共产党需要将文化领导工作作为长期性、中心性、全局性工作大力持续推进。

其次，要科学厘清文化治理过程中党和政府的关系。文化工作因具有较强的意识形态属性，党的领导力度、幅度相对较大，与政府的管理工作交叉相对较多。但这并不意味着党的领导需要事无巨细延伸到文化领域的方方面面，更不代表着文化领域党政不分。科学厘清文化治理过程中党和政府的关系，一方面，需要明确政府的文化管理工作是党领导下的文化管理工作。另一方面，要科学把握党的文化工作

---

1 《习近平著作选读》第 1 卷，人民出版社 2023 年版，第 536 页。

领导权和政府的文化工作管理权的区分，明确党的文化工作领导权主要侧重于文化发展方向的掌握、意识形态领导权的把握、文化领域重大问题和重大关系的协调；政府的文化管理权主要聚焦于推动文化发展路径、方式方法的把控，具有相对的具象性及在国家治理过程中对外的主体担当性。此外，需要明确党和政府权属区分的关键不在于机构上的分或合，而在于文化工作实践运作中权责的实质区分。领导权和管理权相对清晰的区分是推动文化治理现代化的重要保证。

最后，要科学把握文化治理工作中的重大问题和矛盾。新时代新环境新趋势下，我国文化治理工作面临着空前复杂的国内国际局势及层出不穷的问题和矛盾，中国共产党作为执政党及中国式现代化的领导者，需要始终保持清醒，以科学的态度和立场处理好这些重大问题和矛盾，为推进文化治理现代化提供科学的指引。其中，尤其需要把握好以下两组矛盾：一是要科学处理我国文化发展的主导性和多样化之间的关系，促进二者的协调统一。作为有着上下5000年悠久历史的多民族国家，文化领域百花齐放、百家争鸣的多元化格局是文化繁荣昌盛的现实要求、必要条件和重要动力。但一个统一的国家必然需要一个具有主导性的核心价值体系去聚合人心、凝聚共识。当前，在我国文化领域处于主导性地位的社会主义核心价值体系，正是文化多样化发展的共识基础和价值支撑，二者并非对立关系。正如有学者所指出的，"历史经验告诉我们，没有主导，不成方圆；没有多元，缺乏活力，一个有主导又多元化的'文化雁阵'是较为理想也是可以形成的格局"[1]。二是要科学处理文化安全维护与对外文化交流之间的矛盾，促进二者的有机统一。对外文化交流尽管会对文化安全带来一定的影响，但同时也会给文化发展带来更多的养分，给文化安全带来更多的助力。文化需要在交流互鉴中发展，文化安全也需要在开放交流中维护。

依法建设有为政府是基础

依法建设有为政府是文化治理现代化的基本逻辑要求，它强调政府在文化治理现代化进程中应当依法履行好其所必须承担的文化管理职责和使命，有所为、有所不为。依法建设有为政府是文化治理现代化的基础逻辑。有为有位的责任意识不仅在统一的、强有力的执政党层面得以体现，而且延伸到政府领域，表现为对在国家治理中具有主导性、权威性，且有作为的政府力量的需要。"中国的文化传统和现实国情决定了政府主导型的发展路径是符合当下实际的。"[2]。不过，以法治为内核的现代治理文明决定着，中国政府的主导主要是掌舵意义上的引领和推动，而不是事无巨细的干预；有为政府是法治意义上的有限政府，是有所为、有所不为，而不是传统"家长"型政府意义上

---

1 杨凤城：《党领导文化建设的成就和经验》，《学习时报》2021 年 11 月 5 日。
2 蔡武进、彭龙龙：《法国文化产业法的制度体系及其启示》，《华中师范大学学报（人文社会科学版）》2019 年第 2 期。

的大包大揽。毕竟，现代法治是回应政府权力规制的需要而生的，它意味着"政府除了实施众所周知的规则以外不得对个人实施强制，所以它构成了对政府一切权力的限制"[1]。

在推进文化治理现代化过程中，在法治意义上实现政府有所为、有所不为已成为一种基础要求和基本立场。一方面，中国的现实国情及文化所具有的意识形态属性使得政府必须在文化建设发展上有所作为。政府的作为能力、作为水平、作为效果等直接影响着民众的信任度、认可度及政府自我认同度。另一方面，文化对自由、创新生态有着较高程度的依赖，政府的不当作为、过度干预很可能会掣肘甚至扼杀文化的创新发展。因此，政府必须有所不为，向社会释放创新空间，特别是在当前中国各种文化创新资源富集、文化创新业态蓬勃发展的新形势下，政府所保障的创新发展空间尤为重要。是故，深入推进法治政府建设，进一步明确政府在文化领域的管理权限，进一步依法限定政府文化管理的范围，明确政府文化管理的法定程序和方式，推动政府在确有必要、确实必须的基础上确有作为是文化治理现代化的基础性工程。

有为政府的核心是政府在全体人民共同富裕上有为。中国式现代化是全体人民共同富裕的现代化，是物质文明和精神文明相协调的现

1　[英]弗里德利希·冯·哈耶克：《自由秩序原理》上册，邓正来译，生活·读书·新知三联书店1997年版，第260页。

代化。实质上，全体人民共同富裕与物质文明和精神文明相协调之间具有统一性。全体人民共同富裕包括全体人民物质生活共同富裕和精神生活共同富裕，它以物质文明和精神文明相协调为基础；物质文明和精神文明相协调以全体人民共同富裕为趋向，全体人民物质生活和精神生活共同富裕是对物质文明和精神文明协调发展的进一步延展。无论是物质文明和精神文明相协调还是全体人民共同富裕，文化是贯穿其中的根本。建设有为政府要求政府在推进文化繁荣发展、开创精神文明建设新风尚的同时，以文化赋能和促进物质文明建设，从而推动物质文明和精神文明协调发展，进而在此基础上促进全体人民共同富裕。

其一，文化治理现代化进程中的政府有为首先体现为政府依法保障和促进文化事业和文化产业建设发展。党的二十大报告指出："物质富足、精神富有是社会主义现代化的根本要求。物质贫困不是社会主义，精神贫乏也不是社会主义。我们不断厚植现代化的物质基础，不断夯实人民幸福生活的物质条件，同时大力发展社会主义先进文化，加强理想信念教育，传承中华文明，促进物的全面丰富和人的全面发展。"[1] 政府通过加强文化及相关领域立法，健全文化法治体系，保障和促进文化事业和文化产业发展，在丰富人民精神文化产品供给、发

1　习近平：《高举中国特色社会主义伟大旗帜　为全面建设社会主义现代化国家而团结奋斗——在中国共产党第二十次全国代表大会上的报告》，人民出版社 2022 年版，第 22—23 页。

展精神文明的同时，也是在以文化赋能相关业态的转型升级、创新发展，从而不断厚植现代化的物质基础，为物质文明建设提供助力。

其二，文化治理现代化进程中的政府有为必然表现为不断为全体人民共同富裕厚植底蕴、提供文化力量。共同富裕是中国特色社会主义的本质要求，需要在一个长期的历史进程中逐步实现。政府在文化领域的依法作为不仅可以夯实物质生活和精神生活共同富裕的基础，而且可以通过明确社会主义文化价值信念与价值目标，弘扬社会主义核心价值观。"中国之治"的本质是"制度之治"，文化之治也是重要方面。文化发展的力量能超越文化本身，价值观营造的魅力会影响深远。政府只有将公平正义的价值导向、共同富裕的价值目标融入文化治理现代化，乃至中国式现代化全过程中，全面实现人民对美好生活的向往，着力维护和促进社会公平正义，脚踏实地推进全体人民共同富裕，才能从理想、理念走向现实。

有为政府的旨趣是政府在两个共同体建设上有为。中国的传统文化理念深刻影响着中国国家治理和参与全球治理的趋向，构建人与自然生命共同体、人类命运共同体即为生动体现。这两个共同体的构建根本上是文化问题，需要政府的依法作为。

中国式现代化是人与自然和谐共生的现代化，需要不断推进人与自然生命共同体的构建。人与自然是生命共同体，无止境地向自然索取甚至破坏自然必然会遭到大自然的报复。为了维护我们的家园，保护子孙后代的长远利益，党的二十大报告强调要"坚持可持续发展，坚持节约优先、保护优先、自然恢复为主的方针，像保护眼睛一样保护自然和生态环境，坚定不移走生产发展、生活富裕、生态良好的文明发展道路，实现中华民族永续发展"[1]。表面上，人与自然生命共同体的构建主要是一个生态问题，跟文化治理现代化、同政府在文化领域的作为关系不大。但根本上，人与自然生命共同体的建设是一个文化问题，在深层次上涉及人们对人与自然之间关系的文化体认。实质上，中国政府推进人与自然生命共同体建设有着深厚的文化支撑。无论是《易经》中"天地之大德曰生"，孟子"亲亲而仁民，仁民而爱物"，程颐"仁者以天地万物为一体"，还是道家的"天人合一"观，都强调人与自然的和谐相处。从文化层面推动人与自然生命共同体建设，一方面是要弘扬中国传统文化中的生态价值观，另一方面是要进一步将绿色发展、生命共同体观念融入文化立法、生态立法当中。

中国式现代化是走和平发展道路的现代化，需要不断推进人类命运共同体建设。党的二十大报告强调："我国不走一些国家通过战争、殖民、掠夺等方式实现现代化的老路，那种损人利己、充满血腥罪恶的老路给广大发展中国家人民带来深重苦难。我们坚定站在历史正确的一边、站在人类文明进步的一边，高举和平、发展、合作、共赢旗

1　习近平：《高举中国特色社会主义伟大旗帜　为全面建设社会主义现代化国家而团结奋斗——在中国共产党第二十次全国代表大会上的报告》，人民出版社 2022 年版，第 23 页。

帜，在坚定维护世界和平与发展中谋求自身发展，又以自身发展更好维护世界和平与发展。"[1]这是对一些西方国家所走的损人利己、充满血腥罪恶的现代化老路的否定，亦是对以和平发展为表现方式、以构建人类命运共同体为目标追寻的中国式现代化新路的宣扬。实质上，我国传统文化中有着极为深厚的追求和平发展、崇尚合作共赢的基因。无论是《尚书·尧典》强调的"百姓昭明，协和万邦"、儒家崇尚的"执两用中"的中庸观，还是道家主张的"上善若水。水善利万物而不争"，都深刻表达着对和平的推崇。当前，应当进一步夯实中国走和平发展道路的基础，厚植与其他国家携手构建人类命运共同体的文化基因。与此同时，进一步向世界各国讲好中国走和平发展道路的决心，传播好中国主张和平发展的文化理念，弘扬好中国推动构建人类命运共同体的智慧。

全面发展有位社会是核心

有位社会是指企业、民间组织等社会力量在文化治理现代化进程中应当具有其主体地位，能够发挥其主体功能，实现其主体价值。文化治理现代化的核心在于调动社会力量的主体积极性，重点任务在于促进文化企业、文化社会组织发展，优化社会力量合作共治生态。

---

1 习近平：《高举中国特色社会主义伟大旗帜 为全面建设社会主义现代化国家而团结奋斗——在中国共产党第二十次全国代表大会上的报告》，人民出版社 2022 年版，第 23 页。

文化治理现代化格局需确保社会应有的主体地位。社会所承载的是公民、法人、非法人组织等多元社会主体的自主意志和自治力量。这种力量的存在不仅使得公民的权利多了一份有力的保障力量，也使得国家治理多了一份重要助力。特别是在中国，社会力量的发展对中国式现代化的实现尤为重要。毕竟，传统中国社会长期处于国家与社会高度同构的历史状态，中国历史上皇权的强大几乎淹没了社会的存在，王朝国家完全依靠家国一体化的宗法制度将国家与社会进行整合，形成了国家与社会的一体化。在此情势下，"在中国传统体系中不存在社会独立于国家之外，并获得不受国家干预的自主权利的观念和理论"[1]。

新中国成立以来特别是改革开放以来，我国从根本上改变了传统的自然经济和计划经济体制，改变了传统的国家与社会高度统一的一元结构。但是国家与社会高度同构的传统所遗留的官本位观念、权力崇拜思想对国家治理仍存在一定影响。特别是在文化领域，因起步相对更晚，民间社会的不成熟性、各种社会力量的稚嫩性表现得更为明显。因此，积极培育多元社会力量，促进民间社会的成长、成熟，让社会具备应有的与政府对话、为民众表达等主体地位与主体能力，就成为推进文化治理现代化的重要使命。

优化社会力量建设发展生态，健全政社合作机制。多元社会力量

1　陶鹤山：《市民群体和制度创新——对中国现代化主体的研究》，南京大学出版社2001年版，第194页。

的建设发展生态直接决定着社会的成长和发展状况，决定着社会是否具有与政府互动的能力。因此，要不断优化文化企业、文化及相关社会组织等多元社会力量的建设发展生态。就文化企业而言，一方面，应当着力引导、鼓励和支持文化及相关企业的建立和发展，加大文化企业的政策激励力度，优化文化企业的营商环境，释放文化企业的发展空间，不断提升文化企业的发展数量、规模和质量。另一方面，应当鼓励文化创新，推动文化与相关领域的融合发展，特别是要扶持新兴文化业态，提升文化企业、文化市场发展的广度和厚度，增强文化企业在文化治理现代化进程中的主体影响力。就文化及相关社会组织而言，应当鼓励、支持、引导它们的设立和发展。文化及相关社会组织是独立于政府部门和营利机构之外、不以营利为目的、向社会提供自治性服务的组织，是沟通和协调政府与公民之间关系、推动文化治理现代化的重要力量。因此，有必要优化文化及相关社会组织的设立程序，加大对其设立、运行和发展的政策扶持。

良好的政社合作机制是构建政府与社会之间相互监督、相互支撑的健康关系的保障。当前，对推进文化治理现代化而言，尤为重要的是，一方面要进一步完善和发展政府主导下的多元主体合作治理模式，明确政府和社会主体合作治理的目标、方向和要求。另一方面，应当通过制度创新，拓展多元社会力量与政府开展文化领域合作治理的渠道，并将这种渠道建设制度化、常态化，确保其在促进文化及相关社会组织、文化及相关企业与政府协同治理中发挥作用。同时，应当加强推动数字信息平台在促进政社合作中的应用，推进政社合作的线上、线下空间的联动。此外，我们还应推动政社合作治理的规则和制度的建构，尤其是要建立健全多元社会力量和政府在文化治理过程中的平等参与规则和参与机制。

深入保障人民有归是关键

深入保障人民有归，强调将切实保障人民在文化建设发展过程中的获得感、满足感和归属感作为文化治理现代化的旨归。文化是一个国家、一个民族的灵魂，是个人的内在根脉和价值依托，文化发展为了人民、依靠人民，只有让人民的文化权利得以保障、价值需求得以满足，人民在国家和社会发展中的自我实现和归属感得以提升，文化治理现代化的价值和作用才能真正得以彰显。

一是加强人民文化享有权的保障。保障文化享有权，确保人民群众能享受到文化治理现代化、中国特色社会主义文化繁荣发展带来的高质量的成果，是人民对国家、对社会产生归属感的基础。这种归属感主要是基于人民对美好生活的向往逐步实现而得以产生，是一种来自于供给和获得的归属感。保障人民的文化享有权，提升人民的归属感，关键是要促进公共文化服务和文化产业的高质量发展，为人民提供高质量的公共文化服务和文化消费产品，不断回应人民日益增长的美好生活需要。为此，在公共文化服务供给过程中，要广泛收集民众的意见和期盼，以民众的需求和期盼作为公共文化生产的目标要求和价值导向，实现公共文化服务供需的无缝对接，提升公共文化服务的供给效能。在文化产业发展过程中，要关注、牵引并回应人民的文化消费需求，不断回应新时代文化消费新需求，推动文化消费场景的创新升级，促进文化产品生产、经营和消费的深度衔接。与此同时，要加强对文化市场的有效监管。市场文化产品和服务必须坚持以满足人民群众的精神文化需求、引领健康向上的文化生活方式为基本方向，而不能单纯地追求经济效益，不能让文化艺术在市场经济大潮中迷失方向，沾满铜臭气，一味追求经济利益。一旦文化本身在市场中迷失了方向，人民群众就会在价值迷茫中丧失归属感。

二是促进人民文化参与权的实现。人民文化参与权与人民的主体地位、主体价值紧密相连。文化治理现代化须以人民群众的文化参与权之实现为中心，不断保障、激发人民群众文化创新、创造的主体热情和积极性。人民文化参与权实现的程度直接关乎其对国家民主政治的认同度，影响着其在国家和社会生活中的归属感。毕竟，民主历来和参与紧密相连。美国政治学者罗伯特·达尔将人民的"有效参与"作为"民主五准则"之首[1]；德国公法学家奥托·迈耶强调，"真正的公

1　[美]罗伯特·达尔：《论民主》，李柏光等译，商务印书馆 1999 年版，第 43 页。

法上的权利是从授予个人参与权开始的"[1]。在此意义上讲，文化治理现代化的要旨是以人民在治理过程中的主体参与为中心，让人民在文化参与中实现主体归属。为此，一方面，要转变政府文化管理职能，简政放权，推进基本公共文化服务均等化，充分发挥文化在团结人民、教育人民、组织人民、动员人民中的积极作用，解放蕴藏在人民群众中的巨大的文化生产力和创造力[2]。另一方面，应当畅通人民参与公共文化服务体系和文化产业建设发展的方式和渠道，为人民的参与实践提供制度保障。此外，应当在保障人民的文化创作自由权、文化产权等权利和自由的基础上，提升人民在文化参与和文化享有上的尊重感和获得感，从而进一步激发人民参与文化创新创造的热情，提升人民在文化治理中的主体能力。

三是推动人民文化认同的提升。中国作为世界上唯一一个赓续发展几千年、文明没有断流的国家，其中发挥根本作用的就是文化认同的力量。在中华民族几千年的发展历程中，文化长期在社会秩序的建构、人心的聚合、国家的发展上发挥深层次的作用。正是因为人民对文化的认同，人民才会形成对国家和民族强烈的归属感，以及主动捍卫国家和民族利益，推动国家和民族独立发展的强烈使命感。因此，文化治理现代化，还应当担负起提升人民文化认同的使命，推动文化

---

1 [德]奥托·迈耶:《德国行政法》，刘飞译，商务印书馆 2002 年版，第 114 页。
2 胡惠林:《国家文化治理需让更多公民参与》，《光明日报》2013 年 11 月 14 日。

在公民主体性建构及国家文化认同、文化自信提升等方面发挥价值与功能。毕竟，文化治理不仅强调对文化领域的治理，更希望通过发挥文化的深层结构性价值和作用，促进个人、国家和社会的联结。在很大程度上，文化治理价值与作用的发挥根本上落脚于对人的主体性的塑造，展现于民众对其国民身份的归属感和认同感的提升。为此，文化治理现代化必然要在促进民众公共理性提升和文化认同的基础上，建立集体认同的社会文化发展动力机制。与此同时，文化治理现代化应当在推动文化本身的现代化之基础上，为中华民族伟大复兴厚植文化自觉和文化自信的土壤，在全球竞争中确立国家本位化的文化核心价值，塑造中国在世界竞争中的"文化身份"和文化话语权。[1]只有当人民有认同，国家才有力量、民族才有希望。

---

1 张鸿雁:《"文化治理模式"的理论与实践创新——建构全面深化改革的"文化自觉"与"文化自为"》,《社会科学》2015年第3期。

文化建设赋能乡村振兴的价值意蕴与实现路径

———

唐任伍 [*]

———————————

[*] 北京师范大学政府管理研究院院长、教授。

文化是一个国家、一个民族的灵魂。文化兴国运兴，文化强民族强。一个国家、一个民族不能没有灵魂。"欲灭其国，必先亡其史，欲灭其族，必先灭其文化。"可见，文化是一个国家和民族之魂。加强文化治理，是铸造民族魂、提升国家精气神的关键一招，更是实现国家治理体系和治理能力现代化的重要组成部分。

文化治理作为国家治理的一个子系统、子要素，其结构要素的变迁反映了国家治理结构形式的演化变迁。在中国，文化治理作为一个新的治理概念出现在学术文献研究中的时间不长。1994 年何满子发表一篇《文化治理》的评论性文章，这是中国知网上能查阅到的最早的以"文化治理"为主题的文章。2013 年党的十八届三中全会提出全面深化改革的总目标是"完善和发展中国特色社会主义制度，推进国家治理体系和治理能力现代化"，学术界开始重视文化治理在国家治理体系和治理能力现代化中的作用。

文化治理是提升国家软实力的战略抉择，习近平总书记指出："文化的力量最终可以转化为物质的力量，文化的软实力最终可以转化为经济的硬实力。"[1] "一个国家、一个民族的强盛，总是以文化兴盛为支撑的，中华民族伟大复兴需要以中华文化发展繁荣为条件。"[2] 一个国家

---

1 习近平：《干在实处　走在前列——推进浙江新发展的思考与实践》，中共中央党校出版社 2016 年版，第 294 页。
2 《认真贯彻党的十八届三中全会精神　汇聚全面深化改革的强大正能量》，《人民日报》2013 年 11 月 29 日。

选择什么样的治理体系，是由这个国家的历史传承、文化传统、经济社会发展水平决定的。我国今天的国家治理体系，是在我国历史传承、文化传统、经济社会发展的基础上长期发展、渐进改进、内生性演化的结果。

文化治理是集理念、数据等要素，制度、机制和技术于一体的治理形式，通过文化规则引导与道德教化熏陶，强调政府与市场协调合作，寻求政府、社会与市场三者互动，以多元主体思维处理公共文化事务，进行公共文化决策，配置文化资源与权力，构建起一种物质与精神平衡发展的社会秩序。因此，文化治理是服务于国家治理、政府治理的"软治理"。

文化治理赋能乡村振兴的价值意蕴

人类生存发展实践过程中形成的一切精神与物质财富，都以多样化的文化载体、多层次的文化影响、多元化的文化表现为文化治理内容，并完美结合，为乡村振兴中的乡风文明和治理有效赋能。在文化治理的所有元素中，所具有的道德、信仰的价值意蕴，成为文化治理赋能乡村振兴的关键，主要表现在以下方面。

首先，增强文化认同，以社会主义核心价值观统领乡村振兴全过程。习近平总书记指出："人民有信仰，国家有力量，民族有希望。"[1]

---

1 《习近平谈治国理政》第 3 卷，外文出版社 2020 年版，第 33 页。

乡村振兴是一个复杂的系统工程，不仅需要广大乡村民众的参与，更需要理想支撑与精神保护，集中全民族的力量，以文化治理突破社会发展现实利益，将乡村的文化治理提升到国家治理的文化价值高度，才能攻坚克难达到理想彼岸，增强全国人民对乡村振兴的价值认同。

文化治理是培育核心价值观的力量保障，是一项统筹文化发展战略、提升文化发展能力、促进文化价值增生的"软治理"模式，其价值目标是形成乡村振兴的文化认同，建构精神秩序，塑造文化心理。文化认同是文化治理的基础和前提，没有对乡村振兴的文化认同，文化治理在乡村振兴中就缺乏动力支持，就无法为乡村振兴凝聚起政治性、普遍性的力量，无法为乡村振兴提供观念引导、精神支撑和集体实践。具有"软治理"特点的文化治理，能够有效提升乡村振兴中的文化认同效能感，凝聚起参与乡村振兴的多元主体的文化认同。

社会主义核心价值观是中国共产党人和中国人民在继承优秀传统文化，借鉴人类文明优秀成果的基础上，在中国特色社会主义制度的发展过程中生成的。文化治理突出文化的政治功能，有助于充分发挥社会主义核心价值观在乡村振兴中的启蒙意义，增强乡村社会的文明理性，塑造乡村社会良好的精神秩序，引导乡村社会向"好"、乡村民众向"善"。同时，文化治理有助于克服马克思主义意识形态在乡村中的"边缘化"危机，强化社会主义核心价值观教育，在乡村建立起一种有秩序、有规则、有伦理意义的文化系统，对乡村振兴目标的实现具有根本影响。文化治理还有助于保障国家政治价值在乡村中的整合，避免乡村振兴战略实施中因信念信仰缺失带来价值冲突，使社会主义核心价值观通过文化治理的优化，在乡村振兴中具有更丰富的内容和更强的魅力。

其次，克服实践困境，使中国特色社会主义制度优越性贯穿乡村振兴全过程。乡村振兴不仅仅是经济振兴，更不是偏离社会主义制度的所谓新自由主义的振兴，而是中国特色社会主义制度优越性在乡村中得到更充分彰显的振兴，其总的要求是"产业兴旺、生态宜居、乡风文明、治理有效、生活富裕"。文化治理作为一种科学的"软治理"结构，有利于使中国特色社会主义制度优越性在乡村振兴中得到充分彰显，并实现系统的成长与成熟，为乡村振兴目标的实现提供内生动力和外在保障，实现制度的静态完善与动态发展。

乡村振兴是一个动态复杂的系统工程，是实现国家治理现代化的重要组成部分。在乡村振兴战略实施过程中，通过文化治理型构建与中国特色社会主义制度发展要求相适应的治理体制，维护现代文明的基本价值，确立与公民行为观念相一致的文化要素与心理习惯，使中国特色社会主义制度优势的阳光雨露惠及每一个居民，从而在乡村建构起一个充满活力、秩序良善的文化生态环境，实现乡村振兴的文化价值观和治理理念的高度融合统一，最终实现乡村治理现代化所追求的目标价值。文化治理作为乡村振兴战略实施过程中的关键内容，拓宽了乡村振兴战略实施的场域，增强了乡村振兴的发展动力。

文化治理赋能乡村振兴的一个重要作用，就是化解乡村振兴战略实施过程中面临的现实困境。乡村振兴战略实施的复杂性、变动性、不确定性等因素，对战略实施的有效性产生很大的影响，需要高密度、有效的制度安排支撑。文化治理的"软治理"可以弥合乡村振兴战略实施中主体多样性、价值理念多元性、议题领域交叉性等带来的分歧，保障乡村振兴战略实施宏观层面上有章可循，不断克服现实困境，优化战略实施的运行逻辑，使其始终沿着中国特色社会主义制度的轨道，形成法治化、规范化的文化生态环境。微观层面上，文化治理能够解决具体环节上可能出现的秩序失当、管理混乱、竞争失衡、效率低下等难题，保障乡村振兴战略实施中的信任建立、权力配置、责任归属、利益均衡等，从而使乡村振兴战略在文化治理的助推下，始终在静态结构与动态过程中彰显中国特色社会主义制度的优越性。

最后，引领文明风尚，让中华民族5000多年优秀文化在乡村振兴中得到弘扬。文化治理本质上是将马克思主义基本原理同中华优秀传统文化相结合，在社会中形成价值转换，传承、唤醒和激活蕴藏在乡村中的优秀文化价值，使之成为乡村振兴的动力，引领乡村文明风尚，增强乡村文化竞争力，走出一条具有中国特色的乡村文明道路，提升乡村社会的包容性和开放性，真正实现文化服务以人民为中心的价值。

中国的农耕文明源远流长、博大精深，是中华优秀传统文化的根。从稻鱼共生的农耕技术，到节气时序的农耕经验，再到耕读为本的农耕文化，农耕文明的优秀遗产是乡村振兴的宝贵财富。在拓展乡村文化资源要素、为乡村振兴服务上，文化治理承担着挖掘丰富多彩的中华传统文化资源、提升乡村文化竞争力的重任。

一是文化治理要保障乡村振兴战略在一种开放的状态下实施，封闭是没有出路和前途的，要以文化自信宣示道路自信、理论自信、制度自信。二是文化治理要从中华优秀传统文化中汲取养分，在中国独特的历史文化传统上坚持和发展马克思主义，使乡村振兴战略实施牢牢地植根在马克思主义基本原理同中国具体实际相结合、同中华优秀传统文化相结合的土壤上。乡贤文化作为中华优秀传统文化在乡村的一种表现形式，蕴含见贤思齐、崇德向善、诚信友善等优秀文化基因。通过文化治理积累乡村的社会资本，诸如建立乡贤榜、乡贤廊，成立乡贤理事会和乡贤基金，评选"道德模范""民间爱心人物"等，弘扬百姓身边的乡贤事迹，让乡贤精神渗入人民群众的日常生活之中，使中华优秀传统文化在乡村振兴中发挥道德楷模作用，能够丰富乡村振兴战略实施中的文化治理内容，降低乡村振兴战略实施的制度成本。

文化治理赋能乡村振兴的路径选择

发挥文化治理在乡村振兴战略实施中的作用，并不是"条条大路通罗马"，而是必须找到合适的路径，才能取得事半功倍的效果。这就要求着眼于国家文化安全，确保乡村振兴的社会主义道路和方向，确保马克思主义意识形态的主导地位、精神引导和价值塑造，确保文化治理的公共治理思维，使乡村振兴成为推进中国式现代化的抓手。

第一，文化治理赋能产业兴旺。产业兴旺是乡村振兴的重中之重，没有发达的产业，乡村振兴就只是一句空话。因此，发展才是硬道理，要通过文化治理，将精神转化为物质、将"软实力"转化为产业"硬实力"，实现乡村一二三产联动，农工商旅兴旺。具体来说，就是依托当地的资源禀赋、生态环境优势，发挥文化的引领作用，使乡村中的百工技艺各显所长，发展文化＋旅游、文化＋民俗、文化＋养殖、文化＋休闲等，将文化注入到地域、产品和器物之中，打造名牌、名品与名物，使百姓享受到文化治理带来的实实在在的好处与利益。

第二，文化治理赋能生态宜居。生态文明是关系到中华民族永续发展的根本大计，"绿水青山就是金山银山"的发展理念已经深入人心，并且成为乡村振兴的原动力。文化治理赋能乡村振兴，就是通过大力弘扬人与自然是生命共同体的理念，将中华民族传统文化中尊重自然、顺应自然、保护自然、人与自然和谐相处的优良传统，与绿色发展、低碳发展、"碳达峰""碳中和"的现代文明理念融合起来，践行绿色生产、绿色消费，实现产业生态化、生态产业化，把乡村中的生态环境优势转化为生态经济优势，真正使乡村成为蓝天白云、青山绿水、宜居宜业的美丽家园。

第三，文化治理赋能乡风文明。乡风文明是文化治理的应有之义，更是乡村振兴的标志。以文铸魂、以文培元、以文化人，培育文明乡风、良好家风、淳朴民风，乡村振兴战略实施的成果才会可持续、有后劲，才能彰显乡村振兴的精气神。文化治理赋能乡风文明建设，一是要用习近平新时代中国特色社会主义思想教育人，用社会主义核心价值观培育人，为乡村振兴提供坚强的思想引领、强大的精神力量、丰润的道德滋养，使社会主义核心价值观内化于心、外化于行，成为广大村民的自觉行动和实践。

二是大力开展文明创建，引领乡村新风尚。通过文明村镇、文明家庭、道德模范、时代楷模等精神文明创建活动，在乡村中营造仁爱孝悌、耕读传世、敦亲睦邻、守望相助、敬老孝亲、谦和好礼的社会风气，形成"人人争做好人、人人学做先进"的良好氛围，提振农村精气神，增强农民凝聚力，让文明乡风春风化雨。

三是培育新理念，设立农民丰收节，举办技能大赛，大力推广绿色、低碳的生产、生活方式，将优秀的传统文化理念、文化活动、日常伦理、社会风尚等融入乡村振兴中，赋予优秀传统文化新的时代内涵，开展垃圾分类、厕所革命，反对铺张浪费、大操大办等，不仅使村民富口袋，而且使村民富脑袋。

第四，文化治理赋能治理有效。乡村治理作为基层治理的重要组成，是国家治理体系的基石和"最后一公里"，治理是否有效，关系到社会稳定、国家安定和中国共产党长期执政基础的牢靠。因此，要将文化治理与"政治""自治""法治""德治""智治"这"五治"融合，打造共商共建共治共享的乡村治理新格局，护航乡村振兴战略实施全过程。

文化治理赋能政治领路，运用党建文化、红色文化引领，发挥乡村基层党组织在乡村振兴中的战斗堡垒作用和党员的先锋模范带头作用，创新"党建＋治理""党建＋网格化管理"模式，提升基层政府的向心力、组织力和战斗力，构建乡村治理新格局。

文化治理赋能自治主导，通过全过程人民民主文化引领，做到民事民议、民事民办、民事民管，激发村民在乡村振兴中的积极性、主动性、创造性，将基层民众的矛盾和纠纷化解在萌芽状态，有效提升村民对乡村振兴各项工作的知晓率、参与率、满意率。

文化治理赋能法治护航，以习近平法治思想为指引，发挥社会主义法治文化在乡村振兴战略实施中的润滑作用，提升广大村民的法治意识和法治素养，使乡村振兴始终沿着法治轨道，改变传统的乡村熟人社会办事搞关系、靠人情的思维习惯，筑牢乡村振兴的法治基石。

文化治理赋能德治教化，弘扬中华民族崇德向善的优良传统文化，在乡村振兴中崇尚社会公德、家庭美德、个人品德，以德化人，德润人心，让德治教化贯穿在乡村振兴战略实施的全过程，以才兴德、以文养德、以评弘德，成为推动乡村振兴的精神力量。

文化治理赋能智治支撑，强化乡村治理新引擎。信息化时代到来，大数据、区块链、元宇宙、人工智能等的出现和使用，使得文化治理的方式内涵发生了重大的变化。网络文化、大数据文化、人工智能文化等，广泛融入乡村振兴战略实施中，为乡村振兴战略实施提供了智慧性技术支撑，信息多"跑路"、群众少跑腿或不跑路，实实在在提升了人民的获得感、幸福感和安全感。

第五，文化治理赋能生活富裕。乡村振兴战略实施的目标，就是要实现乡村全体人民物质生活和精神生活的富裕。文化治理铸魂塑形的强大力量和功能，赋能人们生活富裕富足、精神自信自强、环境宜居宜业、社会和谐和睦、公共服务普及普惠，有助于实现人的全面发展、社会全面进步。

文化治理激发中华文化农耕文明的精神属性，将丰富的思想观念、人文精神和道德规范活化为乡村振兴的文化特质和精神气质；将以祠堂等古建筑遗存为载体的器物文化、以家风家训家谱为载体的精神文化、以传统技艺等为载体的非物质文化，转化为乡村振兴的生态要素、生产要素、生活要素与文化要素；淬炼中华民族讲仁爱、重民本、守诚信、崇正义、尚和合、求大同的人文精神，自强不息、敬业乐群、扶正扬善、见义勇为、孝老爱亲等积极向善的价值取向，凝聚起乡村振兴的共识，赋能人们精神生活富裕。

文化治理挖掘中华文化农耕文明的经济价值，拓展形成"文化＋"理念思路，将文化因子融入农业生产经营和农民生活中，大力发展创意农业、休闲农业、田园综合体等新型农业，延长农业产业链、供应链，实现乡村一二三产业有机融合，形成具有文化底蕴、"一村一品"的特色品牌；运用现代信息化的文化传播手段，加快云计算、物联网等先进科学技术在乡村振兴中的应用，大力发展数字经济；以文化赋能美丽家园建设，优化乡村聚落、乡村建筑、道路肌理、乡村自然景观风貌，提升乡村宜居水平，带动乡村旅游、生态旅游、红色旅游、传统村落旅游等，增加农民的财产性收入，丰富广大农民的物质生活。

提升文化治理赋能乡村振兴能力的建议

第一，科学定位文化治理多元主体角色是提升赋能乡村振兴能力的关键。文化治理赋能乡村振兴战略实施是一项系统工程，科学定位多元主体的功能和角色是关键。政府在文化治理赋能乡村振兴战略实施中担负着"主导者"角色，承担着文化治理赋能乡村振兴战略实施的政策制定和制度供给责任，既是这一过程的制度体系提供者，又是这一过程作用发挥的执行者。但发挥政府作用不是传统的"单打独斗""一家独大"，而是担任文化治理赋能乡村振兴战略实施的"平衡器"，多元主体在赋能乡村振兴战略实施中的引导者，既不"越位""失位"，也不"错位""虚位"，而是在提供制度保障的同时，充分发挥企业、社会组织和居民的积极性和创造性，激发多元主体的内生动力，高效运行、协同发力、合作共赢，在文化治理赋能乡村振兴战略实施中营造规则平等的文化生态，建立起科学规范的文化治理赋能乡村振兴战略实施的基础支撑。

第二，规范健全文化治理市场秩序是提升赋能乡村振兴能力的基础。文化治理必须有一个规范健全、科学合理的市场秩序，才能保障其赋能乡村振兴战略实施时资源配置优化、市场活力激发、运营效果明显。这就要求必须具有健全的政策法规体系，有效保障各类主体在文化治理赋能乡村振兴战略实施场域中具有相同的价值契合，公平地享有规则平等、权利平等、机会平等的红利。同时也要保障乡村振兴战略实施始终能够沿着绿色、低碳的发展路径，成为国家治理体系和治理能力的有机组成部分，有效避免因秩序失当产生的自发性、盲目性和冲突困境，最终实现乡村振兴战略实施秩序的合理性、过程的科学性和成果的有效性。

第三，发展深化文化治理社会功能是提升赋能乡村振兴能力的支撑。乡村振兴战略的实施场域是文化治理功能发挥的重要平台，也是促进文化治理价值增生的"大熔炉"。要完善文化治理结构，创新文化治理方式，丰富文化治理载体，使文化治理的社会功能在乡村振兴战略实施的场域中得到进一步的深化发展，从而为赋能乡村振兴战略实施提供更有力的支撑。因此，提升文化治理赋能乡村振兴的能力，就需要增加对文化治理的财政支持，强化文化治理的基础设施建设，遵循公益性、平等性、便利性原则增加和优化乡村中的公共文化供给，在文化治理中以"示范"与"规范"相结合的路径复兴乡村振兴战略实施中的优秀传统价值观，拓展社会主义核心价值观在乡村振兴战略实施中的张力，凸显人民群众在文化治理赋能乡村振兴战略实施中的中心位置。